U0917210

中等职业教育“十三五”规划教材
中职中专会计专业创新型系列教材

ERP 沙盘模拟企业经营实训教程

主　编　黄慧宇
副主编　何亚妮
编　委　黄晓丽　卢辉明

科 学 出 版 社
北　京

内 容 简 介

本书针对中职学生的特点，注重学生的实践参与和思考。全书共分 6 个项目，项目一介绍了 ERP 沙盘模拟的起源与意义，并介绍了模拟企业运营课程；项目二引导建立企业竞争组织，对企业竞争规则做了综述；项目三通过引导起始年介绍了企业运营流程，并对规则进行了详细介绍；项目四通过模拟一个企业 6 年的经营过程，帮助学生体验企业业务运作与经营管理全过程；项目五对与“ERP 沙盘模拟”课程配套的“创业者”电子沙盘的操作进行了简要介绍；项目六介绍了由模拟经营拓展对经济管理类专业知识的应用。

本书既可作为中职中专会计专业学生的教学用书，也可作为企业经济管理人员的参考书。

图书在版编目（CIP）数据

ERP 沙盘模拟企业经营实训教程/黄慧宇主编. —北京：科学出版社，2016
（中等职业教育“十三五”规划教材·中职中专会计专业创新型系列教材）
ISBN 978-7-03-050350-3

Ⅰ. ①E… Ⅱ. ①黄… Ⅲ. ①企业管理-计算机管理系统-中等专业学校-教材 Ⅳ. ①F270.7

中国版本图书馆 CIP 数据核字（2016）第 259615 号

责任编辑：涂 晟 谢晓绚 李 娜 / 责任校对：刘玉靖
责任印制：吕春珉 / 封面设计：耕者工作设计室

科学出版社 出版
北京东黄城根北街 16 号
邮政编码：100717
http://www.sciencep.com
三河市骏杰印刷有限公司印刷
科学出版社发行 各地新华书店经销
*
2016 年 10 月第 一 版 开本：787×1092 1/16
2021 年 8 月第六次印刷 印张：7 3/4
字数：184 000

定价：20.00 元

（如有印装质量问题，我社负责调换〈骏杰〉）
销售部电话 010-62136230 编辑部电话 010-62135763-2013

前 言

中等职业技术教育是我国职业教育的一部分，所设专业覆盖当前经济和社会发展的各个领域。在国家做出大力发展职业教育的重要决策后，全社会对职业教育更加关注。职业教育的本质就是就业教育。作为与基础教育、高等教育、成人教育平行的四大教育之一，职业教育以其知识型、技能型的特点获得了社会的认可，尤其体现在以经济管理服务为方向的职业教育中。然而，目前中职学校的大多数专业基础课普遍偏向知识型甚至是考试型课程，因此，结合职业教育的实际，需要在课程改革中以技能型促进知识型、以知识型提升技能型，本着强化学生对企业经营的宏观认识，对流程式的专业运转的清晰理解，注重学生的动手能力与实践参与，针对“ERP 沙盘模拟企业经营实训教程”进行了教材设计。

本书以中职版企业模拟沙盘实训课程为基础，运用用友新道公司开发设计的沙盘模型为课程工具，结合中职企业模拟经营竞赛的实践改革，分为 6 个项目进行讲解。为了培养和提高学生的实际操作能力，编者结合实例，设计了针对性强、简明易懂、由浅入深的内容，注重及时总结与团队合作。

编者建议学时为物理沙盘（手工沙盘）和电子沙盘各一个实训周，或是按周次每周 4 节连上（共 68 个学时），以强化学生的团队合作意识。具体学时安排如下：

实训项目	实训任务	建议学时数
课程认识	了解沙盘的起源及应用	4
	了解 ERP 沙盘模拟企业运营课程	
团队组建及企业调研	组建模拟企业团队	4
	评估 ERP 沙盘模拟企业	
模拟企业的运营规则	认识营销规则	8
	认识生产规则	
	认识原材料采购规则	
	认识融资规则	
	认识综合费用、财务费用及税费规则	
	认识破产规则及绩效评价规则	
模拟企业（创业者 2.0）的运营流程	依据模拟企业经营记录表步骤进行操作	24

续表

实训项目	实训任务	建议学时数
ERP 沙盘推演（电子沙盘）	运行方式及监督	20
	完成电子沙盘的注册	
	熟悉企业运营流程	
企业经营解密	分析企业经营本质	8
	确定企业运营关键点	
	资金管理——现金为王	
	用数说话——不赚钱的原因分析	
	谋定而后动——战略制定	
	认知财务分析	
	了解公司注册流程	
	了解企业纳税流程	
总计		68

本书由黄慧宇担任主编，由何亚妮担任副主编，参编人员有黄晓丽和卢辉明。具体编写分工如下：项目一和项目五由黄慧宇编写，项目二由卢辉明编写，项目三和项目四由何亚妮编写，项目六由黄晓丽编写。全书由黄慧宇定稿。

编者在编写本书的过程中吸收了一些专家和学者的研究成果，参考了中山市技师学院向师老师主编的校本教材，岭南师范学院陈智崧老师也给予了很大的帮助，在此一并表示谢意。

限于编者水平，本书难免存在不足，恳请读者给予批评指正，以便进行修改和完善。

编　者

2016 年 8 月

目 录

项目一
课程认识

任务一　了解沙盘的起源及应用

实训目的

了解沙盘的起源与用途。

一、沙盘及其起源

沙盘是什么？它似乎离我们很遥远，其实它在我们的生活中很常见。在电视剧、电影中，特别是在军事题材的影视剧中，叱咤风云的将军在地形沙盘前指挥千军万马，做出决策。在日常生活中，房地产开发商制作的小区布局沙盘给客户展示楼盘规划，出售房屋。沙盘就是把现实生活中的真实地形、地貌和布局，按比例缩小在几平方米的空间内，使使用者不用亲临现场，即可以将所关注的位置了然于胸，从宏观角度全面审视、度量自身所处的环境局面，从而运筹帷幄，决胜千里。

沙盘最早源于军事用途，即用沙土或其他材料做成的地形模型。通常采用各种模型来模拟战场的地形及武器装备的部署，结合战略与战术的变化来进行推演。《后汉书·马援列传》记载：汉建武八年（公元 32 年），光武帝征伐天水、武都一代的地方豪强时，大将马援“聚米为山谷，指画形势”，使光武帝顿有“虏在吾目中矣”的感觉，开创了我国战争史上运用沙盘研究战术的先河。随着时间的推移，沙盘的概念和用途不断发展演变，现在在我们的日常生活中有地形沙盘、建筑模拟沙盘、工业模拟沙盘、地区或单位规划沙盘等，如图 1-1 和图 1-2 所示。这些沙盘清晰地模拟了真实的地形、地貌和格局，使其所服务的对象不必亲临现场，就能对所关注的对象了然于心，从宏观的角度全面地审视所处的环境局面，从而做出有利的判断。

图 1-1 地形沙盘

图 1-2 建筑模拟沙盘

二、ERP 沙盘模拟企业经营

ERP（enterprise resource planning）是企业资源计划的简称，也就是利用实物沙盘直观、形象地展示企业的内部资源和外部资源。用物理模型或道具演示企业的整个运营过

程，称为物理沙盘，如图 1-3 所示；将整个企业经营过程搬到虚拟的世界中实现，即用计算机里的虚拟数字代替货币、设备、厂房、原材料、产品，用计算机网络之间的数字交换代替企业和企业之间及企业和供应商、客户之间的贸易或买卖过程，则称为电子沙盘，如图 1-4 所示。

图 1-3 物理沙盘图例

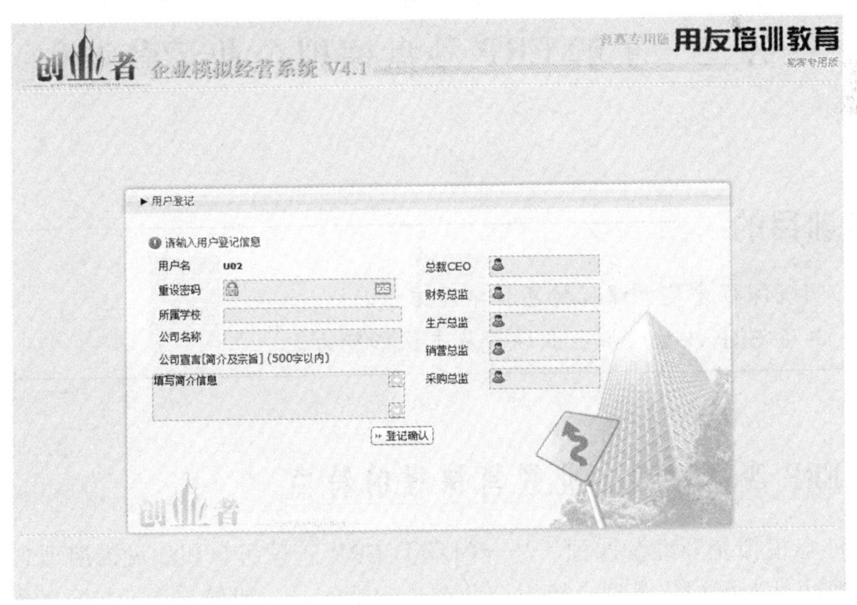

图 1-4 电子沙盘图例

ERP 沙盘模拟企业经营是采用物理沙盘或电子沙盘的方式，将企业经营的全部环节和操作过程用沙盘进行模拟，全真展现企业的运营元素和场景，而且融入市场环境、市场变数和竞争机制，由不同学生团队组成多家企业同场竞技。具体来讲，就是设定模拟企业，把企业运营的关键环节——战略规划、资金筹集、市场开拓、产品研发、原材料采购、广告营销、生产线投资、财务核算等部分设计为主体内容；把企业运营所拥有的内外部资源和所处的环境抽象为一系列规则；每个企业由 5 名学生组成，分别担任总经理（chief executive officer，CEO）、财务总监（chief financial officer，CFO）、采购总监（chief production officer，CPO）、生产总监（chief production director，CPD）和营销总监（chief marketing officer，CMO）5 个角色；各个企业要从市场中取得订单，然后用现金购买原材料，投资生产线，进行生产，最后按照订单要求完工交货，从客户手中取得现金，利用现金在不同市场投放广告，来取得更多的订单，以此循环。同时，企业还要研发新的产品、支付工人工资、维护更新设备、缴纳所得税等来发展扩大企业。这样，在相同的起始资金和相同的规则下，企业本身可以通过不同的战略发展规划，经过模拟企业若干年（一般设定为 6 年）的经营，获得不同的结果。在企业的发展过程中，学生将不断面临许多挑战，他们要通过分析市场、制定战略、营销策划、组织生产、财务管理等一系列活动，做大做强企业，以此来保证企业不被淘汰，最终获得所有者权益最大化。

任务二　了解 ERP 沙盘模拟企业运营课程

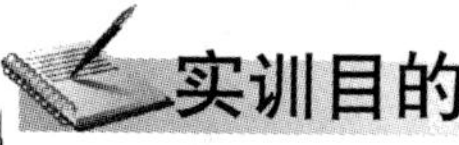

实训目的

- 明确课程意义、课程特色和学习方法。
- 具备 ERP 沙盘模拟企业经营基本认知能力。

一、ERP 沙盘模拟企业经营课程的特点

ERP 沙盘模拟企业经营课程，是一门基于 ERP 管理思想和沙盘推演理念，以电子沙盘或物理沙盘为可视化模型，模拟企业在一定期间（一般设定为 6 年）的经营过程，让学生通过角色扮演，全方位参与企业运作和决策的综合化实训课程。

1. 生动有趣

管理课程一般以理论＋案例为主，比较枯燥而且很难把这些理论迅速掌握并应用到实际工作中。而通过模拟沙盘进行培训增强了娱乐性，使枯燥的课程变得生动有趣。通过游戏进行模拟可以激起参与者的竞争热情，让他们在竞争中有学习的东西。

2. 体验实战

这种培训方式是让人们通过“做”来“学”。参与者以切实的方式体会深奥的商业思想——他们看到并触摸到商业运作的方式。这是一种体验式学习，使参与者学会收集信息并在将来应用于实践。在“做”的过程中领悟企业管理者所应该掌握的“意会性知识”。通过美国缅因州的国家训练实验室研究提出的“学习金字塔”（图 1-5）理论，我们可以看到，让参与者主动去实践，积极地去解决出现的问题，在“做”的过程中去学习，是一种非常有效的学习手段，学习的内容留存率也最高。

图 1-5　学习金字塔

3. 团队合作

这种模拟是互动的，通过角色扮演，要求参与者对游戏过程中产生的不同观点进行分析，并进行对话。除了学习商业规则和财务语言外，参与者还必须增强自身的沟通技能，并从中学习如何以团队的方式工作。

4. 看得见，摸得着

剥开经营理念的复杂外套，直探经营本质。企业结构和管理的操作全部展示在模拟沙盘上，将复杂、抽象的经营管理理念以最直观的方式让学生体验、学习。完整生动的视觉感受将极为有效地激发学生的学习兴趣，增强其学习能力。在课程结束后，学生对所学的内容理解更透彻，记忆更深。

5. 想得到，做得到

把平常工作中尚存疑问的决策带到课程中印证。在课程中模拟 6 年的企业全面经营管理。学生有充足的时间来尝试企业经营的重大决策，并且能够直接看到结果。而现实工作中他们可能在相当长的时间里没有这样的体验机会。

二、ERP 沙盘模拟企业经营课程的内容

ERP 沙盘模拟企业经营课程以制造企业为背景，将企业内外部运营和竞争的典型环境、流程、规则，提炼成沙盘课程的运营流程与规则，由 6 个以上的模拟企业对抗竞争，经历 6 个模拟年的经营，每个公司提交财务报表，根据各个公司的所有者权益和发展力等客观数据指标排列高下。将参与训练的学生分为 6～12 组，每组 5 人，每组各代表不同的虚拟公司，在这个训练中，每个小组的成员将分别担任公司中的重要职位（总经理、财务总监、营销总监、生产总监、采购总监等）。每个公司是同行业中的竞争对手，具有相同的初始资产，现金、贷款、设备、厂房、产品、市场、成品、原材料等，在面对来自其他企业（其他学生小组）的激烈竞争中，将企业向前推进、发展。

课程涉及整体战略规划、产品研发、设备投资改造、生产能力规划与计划排程、物料需求计划、资金需求规划、市场与销售分析、财务经济指标分析、团队沟通与建设、信息化管理等多个方面，每个独立的决策视乎容易做出，然而当它们综合在一起时，许多不同的选择方案却千差万别。体会企业经营运作的全过程，认识到企业资源的有限性，从而深刻理解 ERP 的管理思想，领悟科学的管理规律，从而提升管理能力。

1. 认识企业

认识企业，即全方位认识企业。了解企业的组织机构设置、各管理机构的职责和工作内容，对未来的职业方向建立基本认识，通过企业经营，了解企业管理体系和业务流程，理解物流、资金流、信息流的协同过程。

2. 战略管理

成功的企业一定有着明确的企业战略，包括产品战略、市场战略、竞争战略及资金运用战略等。从最初的战略制定到最后的战略目标达成分析，经过 6 年的模拟，通过评估期内部资源与外部环境，制定长、中、短期策略，经历感性了解、理性思考、科学管

理，学生将学会用战略的眼光看待企业的业务和经营，保证业务与战略的一致，在未来的工作中更多地获取战略性成功而非机会性成功。

3. 营销管理

企业所有的行为、所有资源，无非是要满足客户的需求。模拟企业6年中的市场竞争对抗，学生将学习如何决策市场开发、新产品开发、产品组合与市场定位决策、关注竞争对手，制订并有效实施销售计划，建立并维护市场地位，必要时做出退出市场决定，最终达成企业战略目标。

4. 生产管理

模拟企业的生产管理、新产品研发、物资采购、生产运作管理、选择获取生产能力的方式（租或买）、设备更新与生产线改良、生产流程调度、库存管理、产销配合等一系列问题背后的一系列决策问题就自然地呈现在学生面前，它将让学生深刻地感受生产与销售、采购的紧密关系，理解生产组织与技术创新的重要性。

5. 财务管理

在沙盘模拟过程中，团队成员将清晰掌握资产负债表、利润表的结构；通过制订投资计划，评估应收账款金额与回收期；掌握资本流转如何影响损益；预估长短期资金需求，以最佳方式筹资，控制融资成本，提高资金使用效率；并通过运用财务指标等分析财务报表，理解现金流对企业经营的影响，协作管理决策。

6. 人资管理

人资管理，即人力资源管理。从岗位分工、职位定义、沟通协作、工作流程到绩效考评，沙盘模拟中每个团队经过初期组建、短暂磨合，逐渐形成团队默契，完全进入协作状态。在这个过程中，各自为战导致的效率低下、无效沟通引起的争论不休、职责不清导致的秩序混乱等情况，可以使学生深刻地理解局部最优不等于总体最优的道理，学会换位思考。切实体会只有在组织的全体成员有着共同愿景、朝着共同的绩效目标、遵守相应的工作规范、彼此信任和支持的氛围下，企业更容易取得成功。

7. 信息管理

决策来源于数据，数据来源于信息管理系统，使学生真切地体会到构建企业信息系统的紧迫性。企业信息系统如同飞行器上的仪表盘，能够时刻跟踪企业运行状况，对企业业务运行过程进行控制和监督，及时为企业管理者提供丰富的可用信息。通过沙盘信息化体验，学生可以感受到企业信息化的实施过程及关键点，从而合理规划企业信息管理系统，为企业信息化做好观念和能力上的铺垫。

三、ERP沙盘模拟企业经营课程的目标

ERP沙盘模拟企业经营课程不仅整合了专业知识，还通过建设团队，树立共赢理念，建立全局观念和团队合作观念，通过诚实守信的经营，以提高参与者的综合素质。

1）体验制造企业的完整运营流程，全方位认识企业。

2）理解物流、资金流、信息流的协同过程。

3）理解企业战略的重要性。企业战略包括产品战略、市场战略、竞争战略及资金运用战略等，学习用战略的眼光看待企业的业务和经营，保证战略与业务一致。

4）了解常用的营销方法和营销策略。学会分析市场，进行竞争对手分析，制定营销策略，定位目标市场，制订并有效实施销售计划，实现企业战略目标。

5）了解生产运作管理的基本内容。感受生产与销售、生产与采购的密切关系，理解生产组织与技术创新的重要性。

6）理解资金流的重要性。学习资金预算、控制融资成本的技术，提高资金使用效率，理解现金对企业经营的影响。

7）尝试透过财务看经营。掌握资产负债表、利润表的结构；了解资本流转如何影响损益；通过财务报告、财务分析解读企业经营全局，细化核算，支持决策。

8）理解团队合作的重要性，树立全局观念及共赢理念。从岗位分工、责任定义、共同协作、工作流程到绩效考评，都要深刻理解局部与总体的关系。树立全局观念，突破部门分割，学会换位思考，增进沟通交流，培养协作精神，实现共赢。

四、成绩评定

1. 成绩评定

学生成绩由平时成绩和实训考查成绩两部分组成，各占50%。平时成绩主要包括课堂考核、实训报告撰写情况（由指导教师考核）和实训时的工作态度（由总经理考核）。实训考查成绩是指在模拟企业竞争后的成绩排名。

2. 分岗位评价

在ERP沙盘模拟中，团队合作是至关重要的，但对于每个岗位的经营得失，也需

要“量化”，指出成员的经营“绩效”，并指出改进的方向。

评价时，应注意制定评价指标：①评价指标要按职责分类；②每个部门完成自己的工作和任务后，都要保留下经营时的“数据”，以便今后能够客观、准确地评价职责完成情况。

（1）总经理评价

1）企业的最终成绩排名是整个企业运营成果的体现，“总成绩”是评价总经理成功与否的核心指标。

2）制定的企业战略是否符合预期目标。

3）团队合作是否融洽，队员之间配合是否默契，职责是否明确。

4）企业良好的成长性，资产规模的增长情况。

（2）财务总监评价

1）财务预算情况。企业的资金预测是否准确，调度是否合理。

2）财务成本控制。财务费用的大小反映了财务总监的融资水平和现金流控制意识的强弱。

3）现金流控制和财务杠杆意识。

4）长期借款和短期借款的合理使用。

（3）营销总监评价

1）市场定位的准确性。产品选择合理，市场宽松，所占市场份额靠前，说明定位准确。

2）成本控制。用“广告费用/销售额”或“所接订单直接成本/销售额”衡量，即用最少的钱，获得最大的销售。

3）客户满意度。可以通过当年的“交单情况”来评价。

（4）生产总监评价

1）产能计算。能否在运营过程中准确计算企业产能大小，是否明确清晰了解每个季度产品的种类和产能的情况。

2）费用控制。主要体现在研发投资回报、生产线建设投资回收期、厂房租金成本、生产线转产成本等方面。

（5）采购总监评价

1）原料订购的准确性。能否根据企业的生产计划准确无误地做出企业的订购计划。

2）原材料库存的控制。能否控制原材料库存，使其既能保证正常生产和转产等方面的需要，又不会积压。

3. 经营小组自我分析与总结

竞赛过程是激烈的，但真正的收获与提高是在竞赛后的总结和交流。只有善于思考和总结的人，才能获得最大的收获与提高。企业经营对抗赛带给我们的是启迪，是思考，是发现自己。只有实践才能真正检验我们学到了什么，才能真正跨越自己。

项目二

团队组建及企业调研

任务一　组建模拟企业团队

实训目的

- 认识团队结构，完成团队组建。
- 理解岗位职责，完成岗位分工。
- 规划模拟企业经营战略，完成经营战略表。

一、模拟企业的组建

企业组织机构是企业存在与运行的制度体现和保障，是公司形成为法人组织的必要条件，也是公司实现有效治理的基础。同类企业组织结构设置的基本框架大致相同，而具体的权利划分及细节设置则要根据企业自身特点和需要设置完善。某生产企业组织结构如图 2-1 所示。

根据教学班学生人数，将学生分为若干组（如 8 组），这样模拟现场就有了数家（8 家）相互竞争的模拟企业。各个小组可以根据自己的特色组建自身企业文化。为简化起见，各模拟企业可以分别命名为 U01、U02、U03……

企业注册信息如表 2-1 所示。

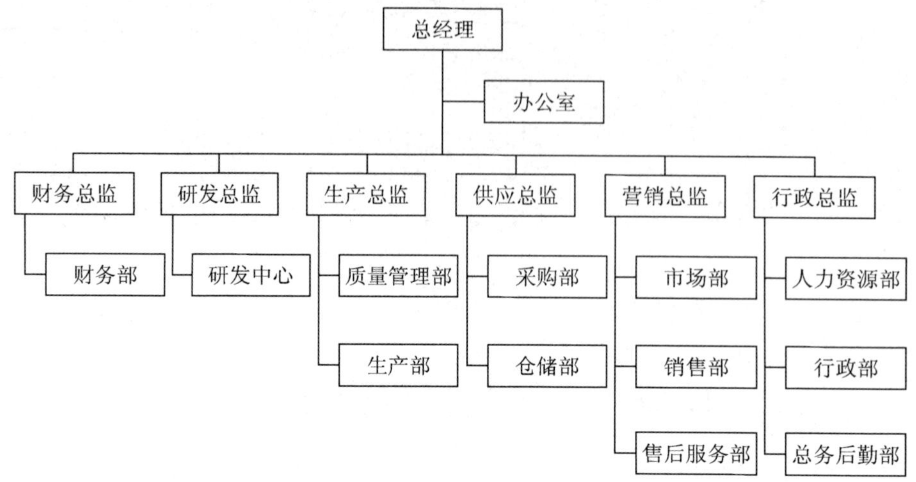

图 2-1　某生产企业组织结构

表 2-1　企业注册信息表

企业名称			
所属行业			
地址			
组织机构代码		企业注册地	市　　县
企业性质		成立时间	年　　月
经营规模		员工人数	
法定代表人		联系电话	
企业联系人		固定电话	
企业传真		电子邮箱	
企业简介			
申请法定代表人	（签章）	申请企业	（签章）

在 ERP 沙盘模拟经营实训课程中，我们采用简化的企业组织结构形式，如图 2-2 所示。相关负责人的主要职责如图 2-3 所示。

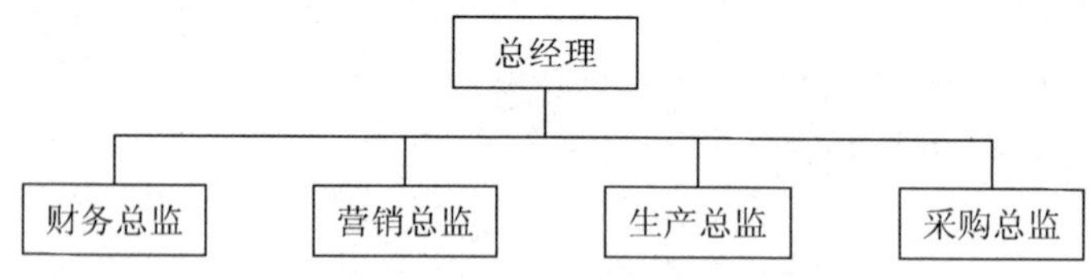

图 2-2　模拟企业组织结构

总经理	财务总监	营销总监	生产总监	采购总监
• 制定发展战略 • 竞争格局分析 • 经营指标确定 • 业务策略制定 • 全面预算管理 • 管理团队协同 • 企业绩效分析 • 业绩考评管理 • 管理授权与总结	• 日常财务记账和登账 • 向税务部门报税 • 提供财务报表 • 日常现金管理 • 企业融资策略制定 • 成本费用控制 • 资金调度与风险管理 • 财务制度与风险管理 • 财务分析与协助决策	• 市场调查分析 • 市场进入策略 • 品种发展策略 • 广告宣传策略 • 制订销售计划 • 争取订单与谈判 • 签订合同与过程控制 • 按时发货应收款管理 • 销售绩效分析	• 产品研发管理 • 管理体系认证 • 固定资产投资 • 编制生产计划 • 平衡生产能力 • 生产车间管理 • 产品质量保证 • 成品库存管理 • 产品外协管理	• 编制采购计划 • 供应商谈判 • 签订采购合同 • 监控采购过程 • 到货验收 • 仓储管理 • 采购支付决择 • 与财务部协调 • 与生产部协同

图 2-3 相关负责人的主要职责

1. 总经理

总经理负责制定和实施公司总体战略与年度经营计划；建立和健全公司的管理体系与组织结构，从结构、流程、人员、激励 4 个方面着手优化管理，实现管理的新跨越；主持公司的日常经营管理工作，实现公司经营管理和发展目标。现代企业的治理结构分为股东会、董事会和经营班子 3 个层面。

在 ERP 沙盘模拟经营实训中，省略了股东会和董事会，企业所有的重要决策由总经理带领团队成员共同决定，如果大家意见相左，由总经理拍板决定。做出有利于企业发展的战略决策是总经理的最大职责，同时总经理还要负责控制企业按流程进行。与此同时，总经理在实训中还要特别关注每个人是否能胜任其岗位，尤其是一些重要岗位，如财务总监、销售总监等，如不胜任该职位，要及时调整，以免影响整个企业的运行。

2. 财务总监

在企业中，会计主要负责日常现金收支管理，定期核查企业的经营状况，核算企业的经营成果，制定预算，以及对成本数据进行分类和分析。财务的职责主要是负责资金的筹集、管理；做好现金预算，管好、用好资金。如果说资金是企业的血液，财务部门就是企业的心脏。财务总监要参与企业重大决策方案的讨论，如设备投资、产品研发、市场开拓、ISO 资格认证、购置厂房等。

在沙盘实训中，财务总监要负责对企业的资金进行预测、筹集、调度与监控；要管好现金流，按需要支付各项费用和进行核算成本，做好财务分析；进行现金预算，采用经济有效的方式筹集资金，将资金成本控制在较低水平。

3. 营销总监

企业的利润是由销售收入带来的，销售利润的实现是企业生存和发展的关键。为此，营销总监应结合市场预测及客户需求制订销售计划，有选择地进行广告投放，取得与企

业供货能力相匹配的客户订单，与生产部门做好沟通，保证按时交货给客户，监督货款的回收，与客户关系管理。

在 ERP 沙盘模拟经营实训中，营销总监还兼任“商业间谍”的角色，因为他最方便监控竞争对手的情况，如对手正在开拓哪些市场、未涉足哪些市场，他们在销售上取得了多大的成功，他们拥有哪类生产线，生产能力如何等。充分了解市场，明确竞争对手的动向，有利于本企业与对手今后的竞争和合作。

4. 生产总监

生产总监是企业生产部门的核心人物，对企业的一切生产活动进行管理，并对企业的一切生产活动及产品负最终的责任。生产总监既是生产计划的制订者和决策者，又是生产过程的监控者，对企业目标的实现负有重大的责任。他的工作是通过计划、组织、指挥和控制等手段实现企业资源的优化配置，创造最大的经济效益。

5. 采购总监

采购，是企业在一定的条件下从供应市场获取产品或服务作为企业资源，以保证企业生产及经营活动正常开展的一项企业经营活动。采购部门虽然是花钱的部门，却是为其他部门供应物资、为企业节省成本的重要部门。采购总监负责原材料的采购、供应和仓储安全管理，确保企业生产的正常进行；要负责编制并实施采购供应计划，进行原材料库存数据的统计与分析。

二、招聘管理人员

参加企业沙盘模拟课程在确定班级组数后，可由管理人员模拟招聘活动，根据个人职业兴趣和职业能力去选择应聘岗位，然后发表演讲，填写相关表格，如表 2-2 所示。

表 2-2　模拟企业管理岗位设置与人员分工表

角色	员工姓名	经营用表	备注
总经理			
财务总监			
营销总监			
生产总监			
采购总监			

任务二　评估 ERP 沙盘模拟企业

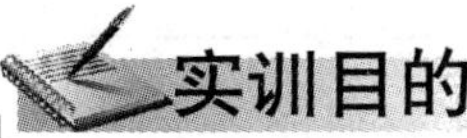

实训目的

- 了解公司发展状况。
- 完成股东期望评估。

一、公司发展

本企业长期以来一直专注于某行业 P 产品的生产与经营，目前生产的 P1 产品在本地市场知名度很高，客户也很满意。同时企业拥有自己的厂房，生产设施齐备，状态良好。

最近，一家权威机构对该行业的发展前景进行了预测，认为 P 产品将会从目前的相对低水平产品发展为高技术产品。为此，公司董事会及全体股东决定将企业交给一批优秀的新人去发展。

二、股东期望

他们希望新的管理层能够做到：

1）投资新产品的开发，使公司的市场地位得到进一步提升。

2）开发本地市场以外的其他新市场，进一步拓展市场领域。

3）扩大生产规模，采用现代化生产手段，获取更多的利润。

可根据表 2-3 初步制定企业经营战略。

表 2-3　初步制定企业经营战略

战略类型 / 经营年	市场战略	产品战略	生产战略
第 1 年			
第 2 年			

续表

战略类型 / 经营年	市场战略	产品战略	生产战略
第 3 年			
第 4 年			
第 5 年			
第 6 年			

项目三

模拟企业的运营规则

企业处在一个开放的市场环境中，它的生存与发展受到自身条件和外部条件的制约。企业经营不仅要遵守国家法律、法规及行政管理规定，还要遵守行业规则，做到合法、诚信经营。因此，在模拟企业运营之前，有必要先熟悉这些规则。综合考虑市场竞争及企业运营所涉及的方方面面，特制定以下规则，模拟企业各部门的人员需要认真学习并遵照执行。

任务一　认识营销规则

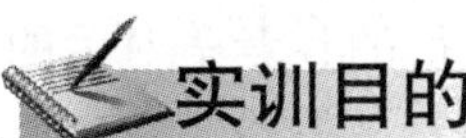

实训目的

- 理解营销规则的含义及其重要性。
- 明确并熟悉营销岗位应掌握的规则。
- 熟练运用营销规则开展工作。

一、市场划分、开拓与准入

企业的生存和发展离不开市场，谁赢得了市场，谁就赢得了竞争。模拟中把市场分为本地市场和区域市场两个部分，两个市场均需要进行开发。

在产品进入某个市场销售之前，企业一般需要进行市场调研、招聘销售人员、选择办公地点、进行市场活动策划等一系列准备工作。这些需要消耗时间和资金。基于此，我们制定了市场开拓规则，如表 3-1 所示。

表 3-1　市场开拓规则

项目 市场	开发费用	开发规则	持续最短时间
本地	1W*（开办企业时支付）	无	无
区域	1W	1W/年	1 年

*　W 为“万元”的简写形式。

规则：每年投入 1W，允许中断或终止，不许超前投资。当市场开拓完成后，企业的产品就可以进入该市场进行宣传和销售了。

二、市场预测与竞争对手分析

市场预测就是运用科学的方法，对影响市场供求变化的诸因素进行调查研究、分析和预见其发展趋势，掌握市场供求变化的规律，为企业经营决策提供可靠的依据。

在 ERP 沙盘模拟经营实训课程中，应当首先分析权威部门提供的《市场预测报告》，是各模拟企业了解未来产品市场需求及价格变化的唯一途径，与企业营销方案的制定密切相关。《市场预测报告》涉及不同的市场、不同产品在未来几年的需求量、价格、客户的质量要求等信息。其次，各模拟企业还应当分析通过正当渠道获得的各竞争对手的相关信息。这些信息主要包括各竞争对手的产品库存数据、在制品数量、生产线及生产产品品种的分布情况，甚至竞争对手的库存现金量。

各模拟企业在充分研究各市场的客户需求预测数据和竞争对手的基本情况后，可制定本企业的市场营销方案，确定广告投放政策，填写本年度的广告订单表。

三、销售会议与订单争取

客户订单是企业制订生产计划的重要依据，对企业的影响至关重要。怎样才能拿到订单呢？

1. 参加订货会

每年年初举办的产品订货会，各企业营销总监与客户见面，商谈并签订产品购销合同。订货会分不同的市场召开，依次为本地市场、区域市场。

2. 广告投放

为争取客户，企业会进行广告策划、展览、客户访问、公共关系等一系列促销活动。在 ERP 沙盘模拟中，这些活动最终体现在广告竞单表当中，如表 3-2 所示。模拟企业在投放广告时将广告费填写在每个市场、每年所对应的相应产品栏中。

表 3-2　广告竞单表

年份 \ 项目 \ 产品		本地		区域	
		P1	P2	P1	P2
第几年	投币	1M*	3M	4M	
	订单号				
	账期				

* M 为"百万元"的简写形式。

投入广告费用有两个作用：一是获得拿取订单的资格；二是确定模拟企业选单顺序。广告费分为产品广告和认证广告。

投入 1M 的产品广告费，可以获得 1 次选取订单机会（如果不投产品广告就没有选单机会），1 次机会只允许选取 1 张订单；如果要获得更多的拿单机会，则每增加 1 次机会需要多投入 2M 产品广告。

例如，运营企业投入 1M 产品广告费表示可能只有 1 次选取订单的机会，并且最多可以获得 1 张订单；投入 3M 产品广告费表示可能有 2 次获得订单的机会，并且最多可以获得 2 张订单；投入 5M 产品广告费表示可能有 3 次选取订单的机会，并且最多可以获得 3 张订单；以此类推。

3. 订单要素

订单是产品销售的依据和凭证，模拟企业是按订单组织生产的，如果在市场竞争过程中得不到订单，就无法实现销售，其生产的产品也就要积压在仓库中，从而导致年度所发生的费用无法得到补偿，企业的利润无法实现。在某种意义上，订单就是企业生存的关键。

订单必须在每年年初的客户订货会上通过竞单程序才能获取，模拟企业的市场营销总监在出席订货会之前，必须对订单要素有所了解。

模拟企业在市场竞争中选取的标准的产品订单式样，如图 3-1 所示。

1 LP1-1/10		2 LP1-2/10		3 LP1-3/10		4 LP1-4/10	
市场	本地	市场	本地	市场	本地	市场	本地
产品	P1	产品	P1	产品	P1	产品	P1
收入	10	收入	11	收入	12	收入	19.5
数量	2	数量	2	数量	2	数量	3
交货期	4	交货期	3	交货期	1	交货期	2
账期	4	账期	0	账期	4	账期	2
单价	5.00	单价	5.5	单价	6	单价	6.5
条件		条件		条件	加急	条件	ISO 9000

图 3-1　模拟企业产品订单式样

从图 3-1 可以看出，一张订单的要素主要包括以下内容。

1）订单号：订单的识别号码。例如，第 1 张订单的订单号为“LP1-1/10”，其含义是本地市场（L 标识）的 P1 产品中的第 1 号订单。

2）订单数量：订单的产品个数。例如，第 1 张订单的数量为“2”，其含义是本张订单是 2 个 P1 产品。

3）订单单价：订单的单个产品的价格。例如，第 1 张订单的单价为“5”，其含义是本张订单每个 P1 产品价值为 5M。

4）订单收入：订单的产品总价值。例如，第 1 张订单的收入为“10”，其含义是本张订单 2 个 P1 产品的总价值为 10M。

5）订单账期：订单产品销售后所获得应收账款的账期。例如，第 1 张订单的账期为“4”，其含义是这张订单产品销售后所获应收账款的账期是 4Q（“季度”的简写形式）；第 1 张订单的账期为“0”，其含义是这张订单产品销售后所获得的是现金，而不是应收账款。

6）订单交货期：订单产品在几个季度之内交货不计违约。例如，第 1 张订单的订单交货期为“4”，其含义是这张订单在参加订货会后 4Q 之内交货均不计违约。再如，第 3 张订单的订单交货期为“1”，其含义是这张订单在参加订货会后 1Q 之内交货不计违约。

7）订单条件：订单的特殊要求。例如，第 3 张订单的订单条件是加急，则要求模拟企业必须在第 1 季度交货。而如果带有 ISO 9000 或 ISO 14000 标志，则要求模拟企业首先具备 ISO 9000 或 ISO 14000 标志的认证资格，并在本市场打了相应的 ISO 认证广告，才能有资格接受此类订单。

4. 订货会选单规则

由教师作为客户代表主持的订货会通常在每年年初召开，订货会每年只召开一次，各模拟企业的市场营销总监代表企业出席，在订货会上的选单操作将依据以下规则进行。

1）订单按市场、按产品发放，如按照本地市场的 P1、P2，区域市场的 P1、P2 等次序发放；各公司按照排定的顺序来选择订单；以投入某个产品广告费用的多少产生该产品的选单顺序。

2）如果两个或两个以上的公司在同一产品投入的广告一样，则按本市场的广告总投入总量（包括 P1 和 P2 上投入的广告总量）进行排名。

3）如果市场广告总投入量一样，可由相同排名的公司同时间选单，如果两个队选择了相同的订单，并且都不愿意放弃该张订单，则采用下列方式进行选单排名：第一，竞标方式选单，即把某一订单的销售价去掉，按竞标公司所出的销售价决定谁获得该订单（按出价低的顺序发单）；第二，如果以上情况仍不能确定选单顺序，则采用抽签方式确定选单顺序。

规则说明：

① 订单放单原则。市场发放所有订单，企业根据自己的库存和产能选择订单，有放弃选择订单的权利。当企业在某一轮放弃了选择订单的权利后，视为本轮退出本产品的选单，即在本轮中不得再次选单，对于放弃的机会可以在本市场下一轮选单中使用。

② 选单流程。按选单顺序先选第一轮，每公司一轮只能选择 1 张订单。各公司都选完后，再开始下一轮的依次选单。

③ 订单种类。一年之内的任何交货期均可交货。

④ 交货规则。必须按照订单规定的数量交货。

⑤ 违约处罚规则。所有订单必须当年完成（即在订单规定的年份，按订单上规定的产品数量交货），如果订单没有完成，则在当年扣除订单销售额的 25%，直接记入成本，并收回订单。

⑥ 每年的订货会结束后，发放下年市场的订单信息。

5. 模拟企业间交易规则

为了规范市场，减少模拟企业间工作量，模拟企业间不得进行交易。

任务二　认识生产规则

实训目的

- 理解生产规则的含义及其重要性。
- 明确并熟悉生产岗位应掌握的规则。
- 熟练运用生产规则开展工作。

一、厂房使用规则

厂房在组建企业当年购置完成，价值为 20W。在使用期间不提折旧，不允许卖出。厂房内最多可安装 10 条生产线。

二、机器设备的投资与变卖

模拟企业的机器设备必须安装在厂房内，其种类有手工生产线和自动生产线，其投资与变卖规则如表 3-3 所示。

表 3-3　机器设备的投资与变卖

生产线	购买价	安装周期	生产周期	折旧	残值
手工生产线	5W	0Q	3Q	1W/年	2W
自动生产线	12W	1Q	1Q	2W/年	4W

1）生产线只能购买，不能模拟企业间转让；购买生产线必须一次支付所有费用，手工生产线支付设备款后就可以开始使用，自动生产线要等到下一季生产线到位才可开始生产。

2）生产线上的格子代表生产周期，特指物理沙盘摆盘中的位置。每天生产线上最多只能有一个在制品。

3）在 ERP 沙盘模拟中，采用平均年限法提取折旧。生产线的折旧从建成的当年开

始提取，即每年年底只要生产线的净值处有钱币，就必须提取折旧（在建的、当年建成的生产线不计提折旧，从下年开始计提）。当生产线价值处的价值等于残值时，该生产线不提折旧。已经折旧完成的生产线，仍然可以使用。

4）生产线可以卖给设备供应商，售价按照残值计算，即从生产线价值处取出残值，放入现金即可，其余的价值放入其他费用。

5）生产线可以生产任何获得生产资格证的产品。

6）设备维修费，只要设备完成安装，不论是否生产，每年年底都需要交纳维修费1W/条。

三、产品研发规则

P2 产品是各公司本身拥有的，其他产品需要进行开发。具体开发时间和经费如表 3-4 所示。

表 3-4　P2 产品研发规则

产品	研发时间	研发投资	研发费用	资格证费用
P2	2Q	2W/Q	4W	1W

注：开发投入分期进行，每季度进行一次，投入 2W，开发中可以随时中断和延续，不允许超前或集中投入；投资不能回收；开发完成之后，必须另外缴纳 1W，用于申请生产资格证。只有获得资格证后，才允许开工（上线）生产；产品资格证不允许转让。

四、产品的成本构成

P 系列产品的成本构成及直接成本如表 3-5 所示。

表 3-5　P 系列产品的成本构成及直接成本

产品	原材料	原材料价值	加工费	直接生产成本
P1	R1	1M	1M	2M
P2	R1＋R2	2M	1M	3M

任务三　认识原材料采购规则

实训目的

- 理解原材料采购规则的含义及其重要性。
- 明确并熟悉原材料采购岗位应掌握的规则。
- 熟练运用原材料采购规则开展工作。

模拟企业生产的 P 系列产品所需要的原材料由供应商（由教师扮演）供货，生产 P 系列产品所需要原材料主要包括 R1（红色）和 R2（绿色）。原材料采购需要提前一个季度向原料供应商下订单，没有下订单的原材料不能采购入库，所有下订单的原材料到期都必须采购入库，原材料入库时必须到交易处向供应商支付现金，严格按照订单数量购买。模拟企业所生产的 P 系列产品所需原材料清单及各种原材料采购的提前期如表 3-6 所示。

表 3-6　原材料清单及各种原材料采购的提前期

原材料名称	采购订单的提前期
R1	1Q
R2	1Q

操作说明：采购总监将空桶放入相应的原材料订单区，1 个空桶代表 1 个原材料订单。R1、R2 订单期满后需支付原材料款并办理原材料入库手续。

任务四　认识融资规则

实训目的

- 明确并熟悉融资规则。
- 熟练运用融资规则开展工作。

资金是企业运作的血液，充足的资金支持是企业生存和发展的前提条件。在企业经营模拟沙盘模拟过程中，由于不允许企业之间私自融资，因此在整个经营期间只允许向银行融资贷款。模拟企业应该充分了解和利用银行金融机构提供的各种融资手段，适时地从银行获得资金支持，以此来支持企业日常生产经营活动和各项战略投资活动。有关规则如下：

1）每季度初可以进行贷款，每次贷款上限为40W。

2）最多贷款不能超过120W（整个盘面上的贷款不能超过6桶，每桶20W）。

3）贷款周期为4Q，到期还本付息，不得提前还款。

4）贷款年利率为5%。

任务五　认识综合费用、财务费用及税费规则

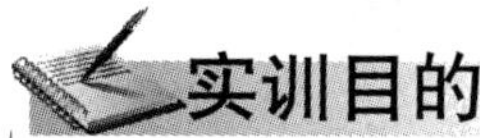

实训目的

- 明确综合费用、财务费用及税费的构成。
- 明确并熟悉综合费用、财务费用及税费规则。
- 熟练运用相关费用规则开展工作。

一、综合费用

在ERP沙盘模拟经营中，企业经营发生的行政管理费、市场开拓费、产品研发费、ISO认证费、广告费、设备维修费、厂房租金、其他费用都计入综合费用。除行政管理费外，各种费用规则解释前面已经介绍。这里仅介绍行政管理费，它需要每季度支付金额1W。

二、财务费用

财务费用一般指企业为筹集生产经营所需资金等而发生的费用，包括利息支出（减利息收入）、汇兑损失（减汇兑收益），以及相关的手续费等。

模拟企业发生的贷款利息、贴现利息等费用在利润表中单独列为财务费用，不计入

综合费用。

三、税费

模拟企业享受免税待遇，仅交纳所得税，其余税费免交。每年年末按当年应纳税所得额的 25%计提所得税（四舍五入后取整），计入资产负债表的“应付税金”项，在下一年年初交纳。若当年发生亏损，则不计所得税；发生盈利时，按弥补以前年度亏损后的余额计算所得税。

当上年年末所有者权益＜66W 时，公式为

所得税＝（上年年末所有者权益＋本年度税前利润－66）×25%（取整）

当上年年末所有者权益≥66W 时，公式为

所得税＝本年度税前利润×25%（取整）

任务六　认识破产规则及绩效评价规则

实训目的

- 明确并熟悉破产规则及绩效评价规则。
- 熟练运用破产规则及绩效评价规则开展工作。

一、破产规则

根据相关法律，企业因经营不善造成严重亏损，或不能清偿到期债务的，可以依法宣告破产。在 ERP 沙盘模拟经营中，出现下列两种情况之一的，企业应当破产：模拟企业不能清偿到期债务，表明资金链断裂，应当破产；连续两年所有者权益及净利润都为负数，表明企业资不抵债，并且看不到好转的希望，应当破产。

参赛队破产后，可由教师视情况适当增资后继续经营。为了确保破产模拟企业不致过多影响沙盘模拟运营的正常进行，限制破产模拟企业每年投放的广告总数不能超过 4M。

二、绩效评价规则

经营结束时，以参加模拟运营各企业的第 6 年结束后的最终权益-违规扣权益后进行评价，分数高者排名靠前。如果出现最终权益相等的情况，则参照各队第 6 年结束后的最终 ERP 盘面状态计算加分值，加分值高的队排名在前。加分值只限于所有者权益相等时排名之用，不记入最终权益的计算。如果加分值仍然相等，则比较第 6 年净利润，高者排名靠前，如果还相等，则先完成第 6 年经营的组排名在前。破产队伍按破产时间计算排名，先破产队伍排名靠后。

加分值为下列各项得分合计。加分项如下：手工线，5 分/条；全自动线，8 分/条；P1、P2 生产资格，各 10 分；本地、区域市场准入，各 10 分。

项目四

模拟企业（创业者 2.0）的运营流程

任务　依据模拟企业经营记录表步骤进行操作

实训目的

- 认识企业整体经营过程，分析企业经营状况，制定企业发展战略。
- 使用 ERP 手工沙盘模拟实操；学会计算产能，投放广告。
- 合理安排采购，理解供产销在企业中的密切关系及其重要性。
- 树立资金成本意识，正确看待负债经营，理解财务在企业经营管理中的重要作用。
- 掌握 ERP 沙盘企业资产负债表、综合费用表及利润表的填写。

经过前面的学习，相信大家已经了解了 ERP 沙盘模拟企业经营的若干规则和基本流程，也许不少学生早已经跃跃欲试了。下面各模拟企业在总经理的带领下开始进行模拟经营。

表 4-1～表 4-7 用于初始年模拟经营，表 4-8～表 4-55 用于第 1 年～第 6 年模拟经营。学生根据模拟经营情况填写表格。

表 4-1　初始年运行记录（1）

序号	按顺序执行下列各项操作。每执行完一项操作，总经理在相应的方格内打钩，财务总监（助理）在方格中填写现金收支情况。				
年初	参加订货会，支付广告费				
	登记销售订单				
	支付税金				
1	季初现金盘点（请填余额）				
2	更新贷款/还本付息				
3	申请贷款				
4	购买订购的原材料并入库				
5	下原料订单				
6	购买/出售厂房				
7	更新生产/完工入库				
8	购买新生产线/生产线到位				
9	开始下一批生产				
10	更新应收款/应收款收现				
11	按订单交货				
12	产品研发投资				
13	支付行政管理费				
14	其他现金收支情况登记				
15	现金收入合计				
16	现金支出合计				
17	期末现金对账（请填余额）				
年末	支付设备维护费				
	计提折旧				（　）
	新市场开拓				
	结账				

表 4-2　初始年运行记录（2）

本表格用于运行过程中记录各生产要素数量变化的台账。生产总监记录生产线上在制品数量（P1/P2）的增减，采购总监记录原料库存数量（R1/R2）的增减，销售总监记录产品库存数量（P1/P2）的增减。使用本表时，首先在“任务清单”标题栏下的括号内填入生产要素的名称，如“原料库存”“产品库存”或“在制品”等，并在“生产要素”标题栏中填入 R1、R2、P1、P2 等要素代码。

注：执行步骤按照任务清单的顺序号进行。

操作顺序	生产要素（P/R） 任务清单	1 季度		2 季度		3 季度		4 季度	
1	季初（　　）盘点数量								
2	更新贷款/还本付息								
3	申请贷款								
4	购买订购的原材料并入库								
5	下原料订单								
6	更新生产/完工入库								
7	购买新生产线/生产线到位								
8	开始下一批生产								
9	更新应收款/应收款收现								
10	按订单交货								
11	产品研发投资								
12	支付行政管理费								
13	其他现金收支情况登记								
14	本季（　　）入库合计								
15	本季（　　）出库合计								
16	季末（　　）库存数量								

表 4-3　初始年订单登记表

项目＼订单号											合计
市场											
产品											
数量											
账期											
销售额											
成本											
毛利											
未售											

表 4-4　初始年产品核算统计表

项目＼产品代码	P1	P2			合计
数量					
销售额					
成本					
毛利					

表 4-5　初始年综合管理费用明细表

单位：万元

项目	金额	备注
管理费		
广告费		
维修费		
市场准入开拓		
产品研发		包括购买资格证书的费用
其他		
合计		

表 4-6　初始年利润表

单位：万元

项目	运算符号	上年数	本年数
销售收入			
直接成本	−		
毛利	=		
综合费用	−		
折旧前利润	=		
折旧	−		
支付利息前利润	=		
财务收入/支出	+/−		
其他收入/支出	+/−		
税前利润	=		
所得税	−		
净利润	=		

表 4-7　初始年资产负债表

单位：万元

资产	期初数	期末数	负债和所有者权益	期初数	期末数
流动资产：			负债：		
现金			银行贷款		
应收账款					
流动资产：			负债：		
在制品			应交税金		
成品					
原料					
流动资产合计			负债合计		
固定资产：			所有者权益：		
土地和建筑			股东资本		
机器与设备			利润留存		
在建工程			年度净利		
固定资产合计			所有者权益合计		
资产总计			负债和所有者权益总计		

表 4-8　第 1 年运行记录（1）

序号	按顺序执行下列各项操作。每执行完一项操作，总经理在相应的方格内打钩，财务总监（助理）在方格内填写现金收支情况。				
年初	参加订货会，支付广告费				
	登记销售订单				
	支付税金				
1	季初现金盘点（请填余额）				
2	更新贷款/还本付息				
3	申请贷款				
4	购买订购的原材料并入库				
5	下原料订单				
6	购买/出售厂房				
7	更新生产/完工入库				
8	购买新生产线/生产线到位				
9	开始下一批生产				
10	更新应收款/应收款收现				
11	按订单交货				
12	产品研发投资				
13	支付行政管理费				
14	其他现金收支情况登记				
15	现金收入合计				
16	现金支出合计				
17	期末现金对账（请填余额）				
年末	支付设备维护费				
	计提折旧				（　）
	新市场开拓				
	结账				

表 4-9　第 1 年运行记录（2）

操作顺序	本表格用于运行过程中记录各生产要素数量变化的台账。生产总监记录生产线上在制品数量（P1/P2）的增减，采购总监记录原料库存数量（R1/R2）的增减，销售总监记录产品库存数量（P1/P2）的增减。使用本表时，首先在“任务清单”标题栏下的括号内填入生产要素的名称，如“原料库存”“产品库存”或“在制品”等，并在“生产要素”标题栏中填入 R1、R2、P1、P2 等要素代码。 注：执行步骤按照任务清单的顺序号进行。								
	生产要素（P/R） 任务清单	1 季度		2 季度		3 季度		4 季度	
1	季初（　　）盘点数量								
2	更新贷款/还本付息								
3	申请贷款								
4	购买订购的原材料并入库								
5	下原料订单								
6	更新生产/完工入库								
7	购买新生产线/ 生产线到位								
8	开始下一批生产								
9	更新应收款/应收款收现								
10	按订单交货								
11	产品研发投资								
12	支付行政管理费								
13	其他现金收支情况登记								
14	本季（　　）入库合计								
15	本季（　　）出库合计								
16	季末（　　）库存数量								

表 4-10　第 1 年订单登记表

订单号 项目										合计
市场										
产品										
数量										
账期										
销售额										
成本										
毛利										
未售										

表 4-11　第 1 年产品核算统计表

产品代码 项目	P1	P2			合计
数量					
销售额					
成本					
毛利					

表 4-12　第 1 年综合管理费用明细表

单位：万元

项目	金额	备注
管理费		
广告费		
维修费		
市场准入开拓		
产品研发		包括购买资格证书的费用
其他		
合计		

表 4-13　第 1 年利润表

单位：万元

项目	运算符号	上年数	本年数
销售收入			
直接成本	−		
毛利	=		
综合费用	−		
折旧前利润	=		
折旧	−		
支付利息前利润	=		
财务收入/支出	+/−		
其他收入/支出	+/−		
税前利润	=		
所得税	−		
净利润	=		

表 4-14　第 1 年资产负债表

单位：万元

资产	期初数	期末数	负债和所有者权益	期初数	期末数
流动资产：			负债：		
现金			银行贷款		
应收账款					
在制品			应交税金		
成品					
原料					
流动资产合计			负债合计		
固定资产：			所有者权益：		
土地和建筑			股东资本		
机器与设备			利润留存		
在建工程			年度净利		
固定资产合计			所有者权益合计		
资产总计			负债和所有者权益总计		

表 4-15　年度总结

经过一年的经营，你觉得怎么样？一定有许多感想吧，讨论下，把它们记下来吧！
这一年你做了哪些事，收获了哪些知识？
在模拟经营中你遇到了哪些困难，是怎么克服的？
以后如何改进？

表 4-16　第 2 年运行记录（1）

序号	按顺序执行下列各项操作。 每执行完一项操作，总经理在相应的方格内打钩，财务总监（助理）在方格内填写现金收支情况。				
年初	参加订货会，支付广告费				
	登记销售订单				
	支付税金				
1	季初现金盘点（请填余额）				
2	更新贷款/还本付息				
3	申请贷款				
4	购买订购的原材料并入库				
5	下原料订单				
6	购买/出售厂房				
7	更新生产/完工入库				
8	购买新生产线/生产线到位				
9	开始下一批生产				
10	更新应收款/应收款收现				
11	按订单交货				
12	产品研发投资				
13	支付行政管理费				
14	其他现金收支情况登记				
15	现金收入合计				
16	现金支出合计				
17	期末现金对账（请填余额）				
年末	支付设备维护费				
	计提折旧				（　）
	新市场开拓				
	结账				

表 4-17 第 2 年运行记录（2）

<table>
<tr><td rowspan="3">操作顺序</td><td colspan="9">本表格用于运行过程中记录各生产要素数量变化的台账。生产总监记录生产线上在制品数量（P1/P2）的增减，采购总监记录原料库存数量（R1/R2）的增减，销售总监记录产品库存数量（P1/P2）的增减。使用本表时，首先在“任务清单”标题栏下的括号内填入生产要素的名称，如“原料库存”“产品库存”或“在制品”等，并在“生产要素”标题栏中填入 R1、R2、P1、P2 等要素代码。
注：执行步骤按照任务清单的顺序号进行。</td></tr>
<tr><td rowspan="2">生产要素（P/R）
任务清单</td><td colspan="2">1 季度</td><td colspan="2">2 季度</td><td colspan="2">3 季度</td><td colspan="2">4 季度</td></tr>
<tr><td></td><td></td><td></td><td></td><td></td><td></td><td></td><td></td></tr>
<tr><td>1</td><td>季初（　　）盘点数量</td><td></td><td></td><td></td><td></td><td></td><td></td><td></td><td></td></tr>
<tr><td>2</td><td>更新贷款/还本付息</td><td colspan="2"></td><td colspan="2"></td><td colspan="2"></td><td colspan="2"></td></tr>
<tr><td>3</td><td>申请贷款</td><td colspan="2"></td><td colspan="2"></td><td colspan="2"></td><td colspan="2"></td></tr>
<tr><td>4</td><td>购买订购的原材料并入库</td><td></td><td></td><td></td><td></td><td></td><td></td><td></td><td></td></tr>
<tr><td>5</td><td>下原料订单</td><td></td><td></td><td></td><td></td><td></td><td></td><td></td><td></td></tr>
<tr><td>6</td><td>更新生产/完工入库</td><td></td><td></td><td></td><td></td><td></td><td></td><td></td><td></td></tr>
<tr><td>7</td><td>购买新生产线/生产线到位</td><td colspan="2"></td><td colspan="2"></td><td colspan="2"></td><td colspan="2"></td></tr>
<tr><td>8</td><td>开始下一批生产</td><td></td><td></td><td></td><td></td><td></td><td></td><td></td><td></td></tr>
<tr><td>9</td><td>更新应收款/应收款收现</td><td colspan="2"></td><td colspan="2"></td><td colspan="2"></td><td colspan="2"></td></tr>
<tr><td>10</td><td>按订单交货</td><td></td><td></td><td></td><td></td><td></td><td></td><td></td><td></td></tr>
<tr><td>11</td><td>产品研发投资</td><td colspan="2"></td><td colspan="2"></td><td colspan="2"></td><td colspan="2"></td></tr>
<tr><td>12</td><td>支付行政管理费</td><td colspan="2"></td><td colspan="2"></td><td colspan="2"></td><td colspan="2"></td></tr>
<tr><td>13</td><td>其他现金收支情况登记</td><td colspan="2"></td><td colspan="2"></td><td colspan="2"></td><td colspan="2"></td></tr>
<tr><td>14</td><td>本季（　　）入库合计</td><td></td><td></td><td></td><td></td><td></td><td></td><td></td><td></td></tr>
<tr><td>15</td><td>本季（　　）出库合计</td><td></td><td></td><td></td><td></td><td></td><td></td><td></td><td></td></tr>
<tr><td>16</td><td>季末（　　）库存数量</td><td></td><td></td><td></td><td></td><td></td><td></td><td></td><td></td></tr>
</table>

表 4-18　第 2 年订单登记表

订单号 项目											合计
市场											
产品											
数量											
账期											
销售额											
成本											
毛利											
未售											

表 4-19　第 2 年产品核算统计表

产品代码 项目	P1	P2			合计
数量					
销售额					
成本					
毛利					

表 4-20　第 2 年综合管理费用明细表

单位：万元

项目	金额	备注
管理费		
广告费		
维修费		
市场准入开拓		
产品研发		包括购买资格证书的费用
其他		
合计		

表 4-21　第 2 年利润表

单位：万元

项目	运算符号	上年数	本年数
销售收入			
直接成本	－		
毛利	＝		
综合费用	－		
折旧前利润	＝		
折旧	－		
支付利息前利润	＝		
财务收入/支出	＋/－		
其他收入/支出	＋/－		
税前利润	＝		
所得税	－		
净利润	＝		

表 4-22　第 2 年资产负债表

单位：万元

资产	期初数	期末数	负债和所有者权益	期初数	期末数
流动资产：			负债：		
现金			银行贷款		
应收账款					
在制品			应交税金		
成品					
原料					
流动资产合计			负债合计		
固定资产：			所有者权益：		
土地和建筑			股东资本		
机器与设备			利润留存		
在建工程			年度净利		
固定资产合计			所有者权益合计		
资产总计			负债和所有者权益总计		

表 4-23 年度总结

第 2 年的模拟经营结束了，与第 1 年相比，你肯定有了新的感受。与大家分享下你的感受吧！
这一年你收获了哪些知识？
在模拟经营中你遇到了哪些困难，是怎么克服的？
以后如何改进？

表 4-24　第 3 年运行记录（1）

序号	按顺序执行下列各项操作。每执行完一项操作，总经理在相应的方格内打钩，财务总监（助理）在方格内填写现金收支情况。				
年初	参加订货会，支付广告费				
	登记销售订单				
	支付税金				
1	季初现金盘点（请填余额）				
2	更新贷款/还本付息				
3	申请贷款				
4	购买订购的原材料并入库				
5	下原料订单				
6	购买/出售厂房				
7	更新生产/完工入库				
8	购买新生产线/生产线到位				
9	开始下一批生产				
10	更新应收款/应收款收现				
11	按订单交货				
12	产品研发投资				
13	支付行政管理费				
14	其他现金收支情况登记				
15	现金收入合计				
16	现金支出合计				
17	期末现金对账（请填余额）				
年末	支付设备维护费				
	计提折旧				（　）
	新市场开拓				
	结账				

表 4-25　第 3 年运行记录（2）

<table>
<tr><td rowspan="2">操作顺序</td><td colspan="9">本表格用于运行过程中记录各生产要素数量变化的台账。生产总监记录生产线上在制品数量（P1/P2）的增减，采购总监记录原料库存数量（R1/R2）的增减，销售总监记录产品库存数量（P1/P2）的增减。使用本表时，首先在“任务清单”标题栏下的括号内填入生产要素的名称，如“原料库存”“产品库存”或“在制品”等，并在“生产要素”标题栏中填入 R1、R2、P1、P2 等要素代码。
注：执行步骤按照任务清单的顺序号进行。</td></tr>
<tr><td rowspan="2">生产要素（P/R）
任务清单</td><td colspan="2">1 季度</td><td colspan="2">2 季度</td><td colspan="2">3 季度</td><td colspan="2">4 季度</td></tr>
<tr><td></td><td></td><td></td><td></td><td></td><td></td><td></td><td></td><td></td></tr>
<tr><td>1</td><td>季初（　　）盘点数量</td><td></td><td></td><td></td><td></td><td></td><td></td><td></td><td></td></tr>
<tr><td>2</td><td>更新贷款/还本付息</td><td colspan="2"></td><td colspan="2"></td><td colspan="2"></td><td colspan="2"></td></tr>
<tr><td>3</td><td>申请贷款</td><td colspan="2"></td><td colspan="2"></td><td colspan="2"></td><td colspan="2"></td></tr>
<tr><td>4</td><td>购买订购的原材料并入库</td><td></td><td></td><td></td><td></td><td></td><td></td><td></td><td></td></tr>
<tr><td>5</td><td>下原料订单</td><td></td><td></td><td></td><td></td><td></td><td></td><td></td><td></td></tr>
<tr><td>6</td><td>更新生产/完工入库</td><td></td><td></td><td></td><td></td><td></td><td></td><td></td><td></td></tr>
<tr><td>7</td><td>购买新生产线/生产线到位</td><td colspan="2"></td><td colspan="2"></td><td colspan="2"></td><td colspan="2"></td></tr>
<tr><td>8</td><td>开始下一批生产</td><td></td><td></td><td></td><td></td><td></td><td></td><td></td><td></td></tr>
<tr><td>9</td><td>更新应收款/应收款收现</td><td colspan="2"></td><td colspan="2"></td><td colspan="2"></td><td colspan="2"></td></tr>
<tr><td>10</td><td>按订单交货</td><td></td><td></td><td></td><td></td><td></td><td></td><td></td><td></td></tr>
<tr><td>11</td><td>产品研发投资</td><td colspan="2"></td><td colspan="2"></td><td colspan="2"></td><td colspan="2"></td></tr>
<tr><td>12</td><td>支付行政管理费</td><td colspan="2"></td><td colspan="2"></td><td colspan="2"></td><td colspan="2"></td></tr>
<tr><td>13</td><td>其他现金收支情况登记</td><td colspan="2"></td><td colspan="2"></td><td colspan="2"></td><td colspan="2"></td></tr>
<tr><td>14</td><td>本季（　　）入库合计</td><td></td><td></td><td></td><td></td><td></td><td></td><td></td><td></td></tr>
<tr><td>15</td><td>本季（　　）出库合计</td><td></td><td></td><td></td><td></td><td></td><td></td><td></td><td></td></tr>
<tr><td>16</td><td>季末（　　）库存数量</td><td></td><td></td><td></td><td></td><td></td><td></td><td></td><td></td></tr>
</table>

表 4-26　第 3 年订单登记表

项目＼订单号											合计
市场											
产品											
数量											
账期											
销售额											
成本											
毛利											
未售											

表 4-27　第 3 年产品核算统计表

项目＼产品代码	P1	P2			合计
数量					
销售额					
成本					
毛利					

表 4-28　第 3 年综合管理费用明细表

单位：万元

项目	金额	备注
管理费		
广告费		
维修费		
市场准入开拓		
产品研发		包括购买资格证书的费用
其他		
合计		

表 4-29　第 3 年利润表

单位：万元

项目	运算符号	上年数	本年数
销售收入			
直接成本	－		
毛利	＝		
综合费用	－		
折旧前利润	＝		
折旧	－		
支付利息前利润	＝		
财务收入/支出	＋/－		
其他收入/支出	＋/－		
税前利润	＝		
所得税	－		
净利润	＝		

表 4-30　第 3 年资产负债表

单元：万元

资产	期初数	期末数	负债和所有者权益	期初数	期末数
流动资产：			负债：		
现金			银行贷款		
应收账款					
在制品			应交税金		
成品					
原料					
流动资产合计			负债合计		
固定资产：			所有者权益：		
土地和建筑			股东资本		
机器与设备			利润留存		
在建工程			年度净利		
固定资产合计			所有者权益合计		
资产总计			负债和所有者权益总计		

表 4-31　年度总结

大家一起经营了 3 年，在这段时间里，你们的运营是否顺畅？战略计划是否成功？大家总结下经验和教训吧！
这一年你收获了哪些知识？
在模拟经营中你遇到了哪些困难，是怎么克服的？
以后如何改进？

表 4-32　第 4 年运行记录（1）

序号	按顺序执行下列各项操作。每执行完一项操作，总经理在相应的方格内打钩，财务总监（助理）在方格内填写现金收支情况。				
年初	参加订货会，支付广告费				
	登记销售订单				
	支付税金				
1	季初现金盘点（请填余额）				
2	更新贷款/还本付息				
3	申请贷款				
4	购买订购的原材料并入库				
5	下原料订单				
6	购买/出售厂房				
7	更新生产/完工入库				
8	购买新生产线/生产线到位				
9	开始下一批生产				
10	更新应收款/应收款收现				
11	按订单交货				
12	产品研发投资				
13	支付行政管理费				
14	其他现金收支情况登记				
15	现金收入合计				
16	现金支出合计				
17	期末现金对账（请填余额）				
年末	支付设备维护费				
	计提折旧				（　　）
	新市场开拓				
	结账				

表 4-33 第 4 年运行记录（2）

<table>
<tr><td rowspan="3">操作顺序</td><td colspan="9">本表格用于运行过程中记录各生产要素数量变化的台账。生产总监记录生产线上在制品数量（P1/P2）的增减，采购总监记录原料库存数量（R1/R2）的增减，销售总监记录产品库存数量（P1/P2）的增减。使用本表时，首先在“任务清单”标题栏下的括号内填入生产要素的名称，如“原料库存”“产品库存”或“在制品”等，并在“生产要素”标题栏中填入 R1、R2、P1、P2 等要素代码。
注：执行步骤按照任务清单的顺序号进行。</td></tr>
<tr><td rowspan="2">生产要素（P/R）
任务清单</td><td colspan="2">1 季度</td><td colspan="2">2 季度</td><td colspan="2">3 季度</td><td colspan="2">4 季度</td></tr>
<tr><td></td><td></td><td></td><td></td><td></td><td></td><td></td><td></td></tr>
<tr><td>1</td><td>季初（ ）盘点数量</td><td></td><td></td><td></td><td></td><td></td><td></td><td></td><td></td></tr>
<tr><td>2</td><td>更新贷款/还本付息</td><td colspan="2"></td><td colspan="2"></td><td colspan="2"></td><td colspan="2"></td></tr>
<tr><td>3</td><td>申请贷款</td><td colspan="2"></td><td colspan="2"></td><td colspan="2"></td><td colspan="2"></td></tr>
<tr><td>4</td><td>购买订购的原材料并入库</td><td></td><td></td><td></td><td></td><td></td><td></td><td></td><td></td></tr>
<tr><td>5</td><td>下原料订单</td><td></td><td></td><td></td><td></td><td></td><td></td><td></td><td></td></tr>
<tr><td>6</td><td>更新生产/完工入库</td><td></td><td></td><td></td><td></td><td></td><td></td><td></td><td></td></tr>
<tr><td>7</td><td>购买新生产线/生产线到位</td><td colspan="2"></td><td colspan="2"></td><td colspan="2"></td><td colspan="2"></td></tr>
<tr><td>8</td><td>开始下一批生产</td><td></td><td></td><td></td><td></td><td></td><td></td><td></td><td></td></tr>
<tr><td>9</td><td>更新应收款/应收款收现</td><td colspan="2"></td><td colspan="2"></td><td colspan="2"></td><td colspan="2"></td></tr>
<tr><td>10</td><td>按订单交货</td><td></td><td></td><td></td><td></td><td></td><td></td><td></td><td></td></tr>
<tr><td>11</td><td>产品研发投资</td><td colspan="2"></td><td colspan="2"></td><td colspan="2"></td><td colspan="2"></td></tr>
<tr><td>12</td><td>支付行政管理费</td><td colspan="2"></td><td colspan="2"></td><td colspan="2"></td><td colspan="2"></td></tr>
<tr><td>13</td><td>其他现金收支情况登记</td><td colspan="2"></td><td colspan="2"></td><td colspan="2"></td><td colspan="2"></td></tr>
<tr><td>14</td><td>本季（ ）入库合计</td><td></td><td></td><td></td><td></td><td></td><td></td><td></td><td></td></tr>
<tr><td>15</td><td>本季（ ）出库合计</td><td></td><td></td><td></td><td></td><td></td><td></td><td></td><td></td></tr>
<tr><td>16</td><td>季末（ ）库存数量</td><td></td><td></td><td></td><td></td><td></td><td></td><td></td><td></td></tr>
</table>

表 4-34　第 4 年订单登记表

订单号 项目											合计
市场											
产品											
数量											
账期											
销售额											
成本											
毛利											
未售											

表 4-35　第 4 年产品核算统计表

产品代码 项目	P1	P2			合计
数量					
销售额					
成本					
毛利					

表 4-36　第 4 年综合管理费用明细表

单位：万元

项目	金额	备注
管理费		
广告费		
维修费		
市场准入开拓		
产品研发		包括购买资格证书的费用
其他		
合计		

表 4-37　第 4 年利润表

单位：万元

项目	运算符号	上年数	本年数
销售收入			
直接成本	－		
毛利	＝		
综合费用	－		
折旧前利润	＝		
折旧	－		
支付利息前利润	＝		
财务收入/支出	＋/－		
其他收入/支出	＋/－		
税前利润	＝		
所得税	－		
净利润	＝		

表 4-38　第 4 年资产负债表

单位：万元

资产	期初数	期末数	负债和所有者权益	期初数	期末数
流动资产：			负债：		
现金			银行贷款		
应收账款					
在制品			应交税金		
成品					
原料					
流动资产合计			负债合计		
固定资产：			所有者权益：		
土地和建筑			股东资本		
机器与设备			利润留存		
在建工程			年度净利		
固定资产合计			所有者权益合计		
资产总计			负债和所有者权益总计		

表 4-39　年度总结

大家一起经营了 4 年，应该收获了许多。说说在过去的一年里你有哪些经验和教训可以和大家分享。
这一年你收获了哪些知识？
在模拟经营中你遇到了哪些困难，是怎么克服的？
以后如何改进？

表 4-40　第 5 年运行记录（1）

序号	按顺序执行下列各项操作。每执行完一项操作，总经理在相应的方格内打钩，财务总监（助理）在方格内填写现金收支情况。				
年初	参加订货会，支付广告费				
	登记销售订单				
	支付税金				
1	季初现金盘点（请填余额）				
2	更新贷款/还本付息				
3	申请贷款				
4	购买订购的原材料并入库				
5	下原料订单				
6	购买/出售厂房				
7	更新生产/完工入库				
8	购买新生产线/生产线到位				
9	开始下一批生产				
10	更新应收款/应收款收现				
11	按订单交货				
12	产品研发投资				
13	支付行政管理费				
14	其他现金收支情况登记				
15	现金收入合计				
16	现金支出合计				
17	期末现金对账（请填余额）				
年末	支付设备维护费				
	计提折旧				（　）
	新市场开拓				
	结账				

表 4-41 第 5 年运行记录（2）

本表格用于运行过程中记录各生产要素数量变化的台账。生产总监记录生产线上在制品数量（P1/P2）的增减，采购总监记录原料库存数量（R1/R2）的增减，销售总监记录产品库存数量（P1/P2）的增减。使用本表时，首先在“任务清单”标题栏下的括号内填入生产要素的名称，如“原料库存”“产品库存”或“在制品”等，并在“生产要素”标题栏中填入 R1、R2、P1、P2 等要素代码。

注：执行步骤按照任务清单的顺序号进行。

操作顺序	生产要素（P/R） 任务清单	1 季度		2 季度		3 季度		4 季度	
1	季初（ ）盘点数量								
2	更新贷款/还本付息								
3	申请贷款								
4	购买订购的原材料并入库								
5	下原料订单								
6	更新生产/完工入库								
7	购买新生产线/生产线到位								
8	开始下一批生产								
9	更新应收款/应收款收现								
10	按订单交货								
11	产品研发投资								
12	支付行政管理费								
13	其他现金收支情况登记								
14	本季（ ）入库合计								
15	本季（ ）出库合计								
16	季末（ ）库存数量								

表 4-42　第 5 年订单登记表

订单号 / 项目											合计
市场											
产品											
数量											
账期											
销售额											
成本											
毛利											
未售											

表 4-43　第 5 年产品核算统计表

产品代码 / 项目	P1	P2			合计
数量					
销售额					
成本					
毛利					

表 4-44　第 5 年综合管理费用明细表

单位：万元

项目	金额	备注
管理费		
广告费		
维修费		
市场准入开拓		
产品研发		包括购买资格证书的费用
其他		
合计		

表 4-45　第 5 年利润表

单位：万元

项目	运算符号	上年数	本年数
销售收入			
直接成本	－		
毛利	＝		
综合费用	－		
折旧前利润	＝		
折旧	－		
支付利息前利润	＝		
财务收入/支出	＋/－		
其他收入/支出	＋/－		
税前利润	＝		
所得税	－		
净利润	＝		

表 4-46　第 5 年资产负债表

单位：万元

资产	期初数	期末数	负债和所有者权益	期初数	期末数
流动资产：			负债：		
现金			银行贷款		
应收账款					
在制品			应交税金		
成品					
原料					
流动资产合计			负债合计		
固定资产：			所有者权益：		
土地和建筑			股东资本		
机器与设备			利润留存		
在建工程			年度净利		
固定资产合计			所有者权益合计		
资产总计			负债和所有者权益总计		

表 4-47　年度总结

经过 5 年的模拟经营，你的体会深刻了许多吧？那就一吐为快吧！
这一年你收获了哪些知识？
在模拟经营中你遇到了哪些困难，是怎么克服的？
以后如何改进？

表 4-48　第 6 年运行记录（1）

<table>
<tr><td>序号</td><td colspan="5">按顺序执行下列各项操作。每执行完一项操作，总经理在相应的方格内打钩，财务总监（助理）在方格内填写现金收支情况。</td></tr>
<tr><td rowspan="3">年初</td><td>参加订货会，支付广告费</td><td></td><td colspan="3" rowspan="3"></td></tr>
<tr><td>登记销售订单</td><td></td></tr>
<tr><td>支付税金</td><td></td></tr>
<tr><td>1</td><td>季初现金盘点（请填余额）</td><td></td><td></td><td></td><td></td></tr>
<tr><td>2</td><td>更新贷款/还本付息</td><td></td><td></td><td></td><td></td></tr>
<tr><td>3</td><td>申请贷款</td><td></td><td></td><td></td><td></td></tr>
<tr><td>4</td><td>购买订购的原材料并入库</td><td></td><td></td><td></td><td></td></tr>
<tr><td>5</td><td>下原料订单</td><td></td><td></td><td></td><td></td></tr>
<tr><td>6</td><td>购买/出售厂房</td><td></td><td></td><td></td><td></td></tr>
<tr><td>7</td><td>更新生产/完工入库</td><td></td><td></td><td></td><td></td></tr>
<tr><td>8</td><td>购买新生产线/生产线到位</td><td></td><td></td><td></td><td></td></tr>
<tr><td>9</td><td>开始下一批生产</td><td></td><td></td><td></td><td></td></tr>
<tr><td>10</td><td>更新应收款/应收款收现</td><td></td><td></td><td></td><td></td></tr>
<tr><td>11</td><td>按订单交货</td><td></td><td></td><td></td><td></td></tr>
<tr><td>12</td><td>产品研发投资</td><td></td><td></td><td></td><td></td></tr>
<tr><td>13</td><td>支付行政管理费</td><td></td><td></td><td></td><td></td></tr>
<tr><td>14</td><td>其他现金收支情况登记</td><td></td><td></td><td></td><td></td></tr>
<tr><td>15</td><td>现金收入合计</td><td></td><td></td><td></td><td></td></tr>
<tr><td>16</td><td>现金支出合计</td><td></td><td></td><td></td><td></td></tr>
<tr><td>17</td><td>期末现金对账（请填余额）</td><td></td><td></td><td></td><td></td></tr>
<tr><td rowspan="4">年末</td><td>支付设备维护费</td><td colspan="3" rowspan="4"></td><td></td></tr>
<tr><td>计提折旧</td><td>（　　）</td></tr>
<tr><td>新市场开拓</td><td></td></tr>
<tr><td>结账</td><td></td></tr>
</table>

表 4-49　第 6 年运行记录（2）

<table>
<tr><td rowspan="3">操作顺序</td><td colspan="9">本表格用于运行过程中记录各生产要素数量变化的台账。生产总监记录生产线上在制品数量（P1/P2）的增减，采购总监记录原料库存数量（R1/R2）的增减，销售总监记录产品库存数量（P1/P2）的增减。使用本表时，首先在“任务清单”标题栏下的括号内填入生产要素的名称，如“原料库存”“产品库存”或“在制品”等，并在“生产要素”标题栏中填入 R1、R2、P1、P2 等要素代码。
注：执行步骤按照任务清单的顺序号进行。</td></tr>
<tr><td rowspan="2">生产要素（P/R）
任务清单</td><td colspan="2">1 季度</td><td colspan="2">2 季度</td><td colspan="2">3 季度</td><td colspan="2">4 季度</td></tr>
<tr><td></td><td></td><td></td><td></td><td></td><td></td><td></td><td></td></tr>
<tr><td>1</td><td>季初（　　）盘点数量</td><td></td><td></td><td></td><td></td><td></td><td></td><td></td><td></td></tr>
<tr><td>2</td><td>更新贷款/还本付息</td><td colspan="2"></td><td colspan="2"></td><td colspan="2"></td><td colspan="2"></td></tr>
<tr><td>3</td><td>申请贷款</td><td colspan="2"></td><td colspan="2"></td><td colspan="2"></td><td colspan="2"></td></tr>
<tr><td>4</td><td>购买订购的原材料并入库</td><td></td><td></td><td></td><td></td><td></td><td></td><td></td><td></td></tr>
<tr><td>5</td><td>下原料订单</td><td></td><td></td><td></td><td></td><td></td><td></td><td></td><td></td></tr>
<tr><td>6</td><td>更新生产/完工入库</td><td></td><td></td><td></td><td></td><td></td><td></td><td></td><td></td></tr>
<tr><td>7</td><td>购买新生产线/生产线到位</td><td colspan="2"></td><td colspan="2"></td><td colspan="2"></td><td colspan="2"></td></tr>
<tr><td>8</td><td>开始下一批生产</td><td></td><td></td><td></td><td></td><td></td><td></td><td></td><td></td></tr>
<tr><td>9</td><td>更新应收款/应收款收现</td><td colspan="2"></td><td colspan="2"></td><td colspan="2"></td><td colspan="2"></td></tr>
<tr><td>10</td><td>按订单交货</td><td></td><td></td><td></td><td></td><td></td><td></td><td></td><td></td></tr>
<tr><td>11</td><td>产品研发投资</td><td colspan="2"></td><td colspan="2"></td><td colspan="2"></td><td colspan="2"></td></tr>
<tr><td>12</td><td>支付行政管理费</td><td colspan="2"></td><td colspan="2"></td><td colspan="2"></td><td colspan="2"></td></tr>
<tr><td>13</td><td>其他现金收支情况登记</td><td colspan="2"></td><td colspan="2"></td><td colspan="2"></td><td colspan="2"></td></tr>
<tr><td>14</td><td>本季（　　）入库合计</td><td></td><td></td><td></td><td></td><td></td><td></td><td></td><td></td></tr>
<tr><td>15</td><td>本季（　　）出库合计</td><td></td><td></td><td></td><td></td><td></td><td></td><td></td><td></td></tr>
<tr><td>16</td><td>季末（　　）库存数量</td><td></td><td></td><td></td><td></td><td></td><td></td><td></td><td></td></tr>
</table>

表 4-50　第 6 年订单登记表

订单号 项目											合计
市场											
产品											
数量											
账期											
销售额											
成本											
毛利											
未售											

表 4-51　第 6 年产品核算统计表

产品代码 项目	P1	P2			合计
数量					
销售额					
成本					
毛利					

表 4-52　第 6 年综合管理费用明细表

单位：万元

项目	金额	备注
管理费		
广告费		
维修费		
市场准入开拓		
产品研发		包括购买资格证书的费用
其他		
合计		

表 4-53　第 6 年利润表

单位：万元

项目	运算符号	上年数	本年数
销售收入			
直接成本	－		
毛利	＝		
综合费用	－		
折旧前利润	＝		
折旧	－		
支付利息前利润	＝		
财务收入/支出	＋/－		
其他收入/支出	＋/－		
税前利润	＝		
所得税	－		
净利润	＝		

表 4-54　第 6 年资产负债表

单位：万元

资产	期初数	期末数	负债和所有者权益	期初数	期末数
流动资产：			负债：		
现金			银行贷款		
应收账款					
在制品			应交税金		
成品					
原料					
流动资产合计			负债合计		
固定资产：			所有者权益：		
土地和建筑			股东资本		
机器与设备			利润留存		
在建工程			年度净利		
固定资产合计			所有者权益合计		
资产总计			负债和所有者权益总计		

表 4-55　年度总结

转眼间，一轮模拟实训结束了，在激烈的市场竞争中，你们团队的战果如何？你有什么想和大家说的呢？
一轮模拟经营结束了，你们团队的综合实力如何？你认为你们成功的因素有哪些，哪些地方需要改进？
实训中你印象最深的内容是什么？
如果还有下一次沙盘经营模拟，你会从哪些方面加以改进？
对于学好这门课程，你想对学弟、学妹说些什么？

项目五

ERP 沙盘推演（电子沙盘）

任务一　运行方式及监督

在物理沙盘的基础上，运用电子沙盘进行推演。

本项目中各模拟企业将采用“创业者 3.0”电子沙盘与实物沙盘相结合的方式运行企业，所有运作必须在电子沙盘模拟平台上记录，手工沙盘只作为辅助运行工具。为方便商业情报的获取，每年运行完成后，必须按照当年年末结束状态，将运行结果摆在手工沙盘上，以便现场各队收集情报用。

任务二　完成电子沙盘的注册

- 完成 ERP 电子沙盘的注册工作。
- 学会 ERP 电子沙盘学生端的操作，体会企业的初创历程。

电子沙盘的注册包括企业名称、企业宣言、企业人员分工等内容。

1）打开 Internet Explorer 浏览器，并输入网址“172.16.30.14”，进入以下登录界面，

如图 5-1 所示。

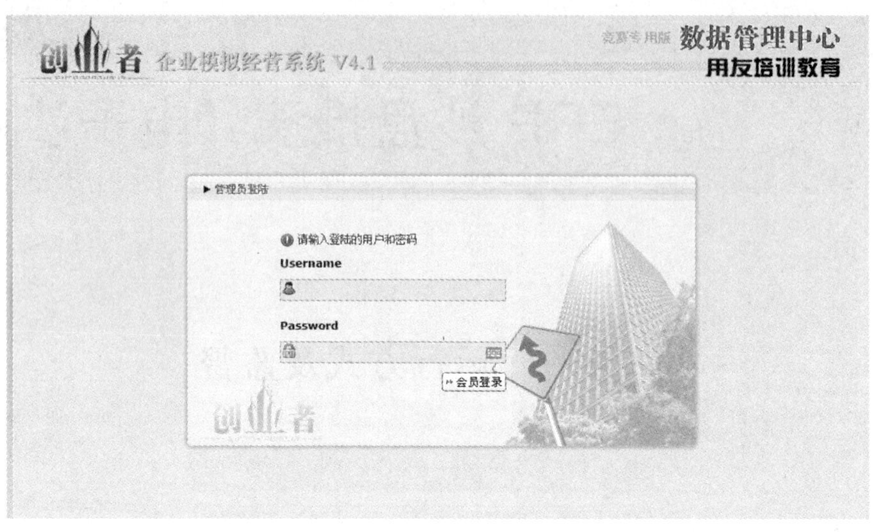

图 5-1 电子沙盘登录界面

2）根据分组情况登录。例如，第 2 组的用户名为 U02，初始密码为×××，进入界面如图 5-2 所示。

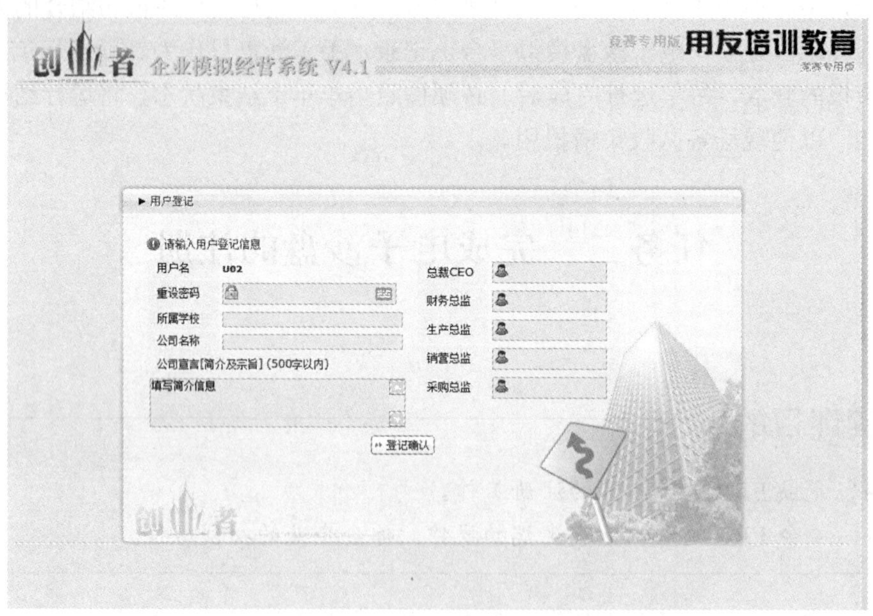

图 5-2 电子沙盘信息创建界面

3）为自己的团队取一个公司名称，写一句激励口号并为成员分工。将所有的信息填写在登录界面的相应位置，并单击“登记确认”按钮。（注：每个虚拟企业只有一个账号，也只需注册填写一次，确认后不能更改，密码可改，信息需要填写完整。）

任务三　熟悉企业运营流程

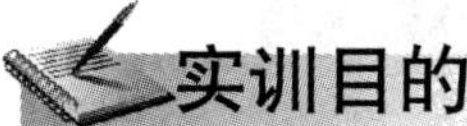

实训目的

- 掌握模拟企业 1～6 年的业务运营与工作规范，掌握衔接销售、生产、采购环节等业务流程，为科学决策打好基础。
- 熟练编制 1～6 年的综合费用表、利润表、资产负债表的方法与绩效，并能根据年度报表进行模拟企业运营分析和财务报表分析。

一、认识操作界面

注册完成后，进入电子沙盘操作界面，如图 5-3 所示。

图 5-3　电子沙盘操作界面

单击“当季开始”按钮，进入当季开始界面，如图 5-4 所示。

图 5-4　当季开始界面

进入界面后，可查看经营规则，如图 5-5 所示。

经营规则说明

一、生产线

名称	投资总额	每季投资额	安装周期	生产周期	总转产费用	转产周期	维修费	残值	折旧费	折旧时间	分值
手工线	5W	5W	0季	3季	0W	0季	0W/年	1W	1W	4年	5
半自动	10W	10W	1季	2季	1W	1季	1W/年	2W	2W	4年	7
自动线	15W	5W	3季	1季	2W	1季	2W/年	3W	3W	4年	9
柔性线	20W	5W	4季	1季	0W	0季	2W/年	4W	4W	4年	10

*安装周期为0,表示即买即用
*计算投资总额时,若安装周期为0,则按1算
*不论何时出售生产线,价格为残值,净值与残值之差计入损失
*只有空生产线方可转产
*当年建成生产线需要交维修费

图 5-5　经营规则说明界面

还可查看市场预测，如图 5-6 所示。

在电子沙盘操作界面单击“参加订货会”图标，进入选单界面，如图 5-7 所示。

市场预测

市场预测表——均价

序号	年份	产品	本地	区域	国内	亚洲	国际
1	第2年	P1	4.85	5.07	0	0	0
2	第2年	P2	7.07	7.30	0	0	0
3	第2年	P3	8.47	8.55	0	0	0
4	第2年	P4	10.67	10.56	0	0	0
5	第3年	P1	4.85	4.73	4.74	0	0
6	第3年	P2	6.88	6.80	0	0	0
7	第3年	P3	8.46	8.80	0	0	0
8	第3年	P4	0	9.82	9.92	0	0
9	第4年	P1	4.58	4.67	4.70	0	0
10	第4年	P2	6.48	0	0	6.45	0
11	第4年	P3	9.19	8.80	0	8.76	0
12	第4年	P4	9.68	10.00	9.96	0	0
13	第5年	P1	5.65	0	4.58	0	4.62
14	第5年	P2	6.52	6.65	6.62	6.82	0

图 5-6　市场预测界面

图 5-7　选单界面

二、完成 6 年电子运营

企业运营流程需按照竞赛手册——运营记录表中列示的流程严格执行。总经理按照运营记录表中指示的顺序发布执行指令，每项任务完成后，总经理须在任务后对应的方格内打钩。

每年经营结束后，各参赛队需要在系统中填写综合费用表、利润表、资产负债表，并以此提交纸质报表给裁判核对。

相关表格如表 5-1～表 5-12 所示，各参赛队可将 6 年的运营情况填入其中。

表 5-1　运营记录表

用户　　　第　年经营

操作顺序	企业经营流程每执行完一项操作，总经理在相应的方格内打钩。					
	手工操作流程	系统操作	手工记录			
年初	新年度规划会议					
	广告投放	输入广告费确认				
	参加订货会选订单/登记订单	选单				
	支付应付税（25%）	系统自动				
	支付长期贷款利息	系统自动				
	更新长期贷款/长期贷款还款	系统自动				
	申请长期贷款	输入贷款数额并确认				
1	季初盘点（请填余额）	产品下线，生产线完工（自动）				
2	更新短期贷款/短期贷款还本付息	系统自动				
3	申请短期贷款	输入贷款数额并确认				
4	原材料入库/更新原料订单	需要确认金额				
5	下原料订单	输入并确认				
6	购买/租用——厂房	选择并确认，自动扣现金				
7	更新生产/完工入库	系统自动				
8	新建/在建/转产/变卖——生产线	选择并确认				
9	紧急采购（随时进行）	随时进行输入并确认				
10	开始下一批生产	选择并确认				
11	更新应收款/应收款收现	需要输入到期金额				
12	按订单交货	选择交货订单确认				
13	产品研发投资	选择并确认				
14	厂房——出售（买转租）/退租/租转买	选择确认，自动转应收款				
15	新市场开拓/ISO 资格投资	仅第 4 季度允许操作				
16	支付管理费/更新厂房租金	系统自动				
17	出售库存	输入并确认（随时进行）				
18	厂房贴现	随时进行				
19	应收款贴现	输入并确认（随时进行）				
20	季末收入合计					
21	季末支出合计					
22	季末数额对账[（1）+（20）-（21）]					
年末	缴纳违约订单罚款（25%）	系统自动				
	支付设备维护费	系统自动				
	计提折旧	系统自动				（　）
	新市场/ISO 资格换证	系统自动				
	结账					

表 5-2 会计报表

第　　年　　　　　　　　　　用户名：

综合费用表

单位：万元

项目	金额
管理费	
广告费	
设备维修费	
其他损失	
转产费	
厂房租金	
新市场开拓	
ISO 资格认证	
产品研发	
信息费	
合计	

利润表

单位：万元

项目	金额
销售收入	
直接成本	
毛利	
综合费用	
折旧前利润	
折旧	
支付利息前利润	
财务费用	
税前利润	
所得税	
年度净利润	

资产负债表

单位：万元

项目	金额	项目	金额
现金		长期贷款	
应收款		短期贷款	
在制品		应交所得税	
产成品		—	
原材料		—	
流动资产合计		负债合计	
厂房		股东资本	
生产线		利润留存	
在建工程		年度净利	
固定资产合计		所有者权益合计	
资产总计		负债和所有者权益总计	

表 5-3　运营记录表

用户　　　　第　年经营

操作顺序	企业经营流程每执行完一项操作，总经理在相应的方格内打钩。					
	手工操作流程	系统操作	手工记录			
年初	新年度规划会议					
	广告投放	输入广告费确认				
	参加订货会选订单/登记订单	选单				
	支付应付税（25%）	系统自动				
	支付长期贷款利息	系统自动				
	更新长期贷款/长期贷款还款	系统自动				
	申请长期贷款	输入贷款数额并确认				
1	季初盘点（请填余额）	产品下线，生产线完工（自动）				
2	更新短期贷款/短期贷款还本付息	系统自动				
3	申请短期贷款	输入贷款数额并确认				
4	原材料入库/更新原料订单	需要确认金额				
5	下原料订单	输入并确认				
6	购买/租用——厂房	选择并确认，自动扣现金				
7	更新生产/完工入库	系统自动				
8	新建/在建/转产/变卖——生产线	选择并确认				
9	紧急采购（随时进行）	随时进行输入并确认				
10	开始下一批生产	选择并确认				
11	更新应收款/应收款收现	需要输入到期金额				
12	按订单交货	选择交货订单确认				
13	产品研发投资	选择并确认				
14	厂房——出售（买转租）/退租/租转买	选择确认，自动转应收款				
15	新市场开拓/ISO 资格投资	仅第 4 季度允许操作				
16	支付管理费/更新厂房租金	系统自动				
17	出售库存	输入并确认（随时进行）				
18	厂房贴现	随时进行				
19	应收款贴现	输入并确认（随时进行）				
20	季末收入合计					
21	季末支出合计					
22	季末数额对账[（1）+（20）－（21）]					
年末	缴纳违约订单罚款（25%）	系统自动				
	支付设备维护费	系统自动				
	计提折旧	系统自动				（　）
	新市场/ISO 资格换证	系统自动				
	结账					

表 5-4 会计报表

第　　年　　　　　　　　　　用户名：

综合费用表

单位：万元

项目	金额
管理费	
广告费	
设备维修费	
其他损失	
转产费	
厂房租金	
新市场开拓	
ISO 资格认证	
产品研发	
信息费	
合计	

利润表

单位：万元

项目	金额
销售收入	
直接成本	
毛利	
综合费用	
折旧前利润	
折旧	
支付利息前利润	
财务费用	
税前利润	
所得税	
年度净利润	

资产负债表

单位：万元

项目	金额	项目	金额
现金		长期贷款	
应收款		短期贷款	
在制品		应交所得税	
产成品		—	
原材料		—	
流动资产合计		负债合计	
厂房		股东资本	
生产线		利润留存	
在建工程		年度净利	
固定资产合计		所有者权益合计	
资产总计		负债和所有者权益总计	

表 5-5 运营记录表

用户 第 年经营

操作顺序	企业经营流程每执行完一项操作，总经理在相应的方格内打钩。					
	手工操作流程	系统操作	手工记录			
年初	新年度规划会议					
	广告投放	输入广告费确认				
	参加订货会选订单/登记订单	选单				
	支付应付税（25%）	系统自动				
	支付长期贷款利息	系统自动				
	更新长期贷款/长期贷款还款	系统自动				
	申请长期贷款	输入贷款数额并确认				
1	季初盘点（请填余额）	产品下线，生产线完工（自动）				
2	更新短期贷款/短期贷款还本付息	系统自动				
3	申请短期贷款	输入贷款数额并确认				
4	原材料入库/更新原料订单	需要确认金额				
5	下原料订单	输入并确认				
6	购买/租用——厂房	选择并确认，自动扣现金				
7	更新生产/完工入库	系统自动				
8	新建/在建/转产/变卖——生产线	选择并确认				
9	紧急采购（随时进行）	随时进行输入并确认				
10	开始下一批生产	选择并确认				
11	更新应收款/应收款收现	需要输入到期金额				
12	按订单交货	选择交货订单确认				
13	产品研发投资	选择并确认				
14	厂房——出售（买转租）/退租/租转买	选择确认，自动转应收款				
15	新市场开拓/ISO 资格投资	仅第 4 季度允许操作				
16	支付管理费/更新厂房租金	系统自动				
17	出售库存	输入并确认（随时进行）				
18	厂房贴现	随时进行				
19	应收款贴现	输入并确认（随时进行）				
20	季末收入合计					
21	季末支出合计					
22	季末数额对账［（1）＋（20）－（21）］					
年末	缴纳违约订单罚款（25%）	系统自动				
	支付设备维护费	系统自动				
	计提折旧	系统自动				（ ）
	新市场/ISO 资格换证	系统自动				
	结账					

表 5-6　会计报表

第　　年　　　　　　　　　　用户名：

综合费用表

单位：万元

项目	金额
管理费	
广告费	
设备维修费	
其他损失	
转产费	
厂房租金	
新市场开拓	
ISO 资格认证	
产品研发	
信息费	
合计	

利润表

单位：万元

项目	金额
销售收入	
直接成本	
毛利	
综合费用	
折旧前利润	
折旧	
支付利息前利润	
财务费用	
税前利润	
所得税	
年度净利润	

资产负债表

单位：万元

项目	金额	项目	金额
现金		长期贷款	
应收款		短期贷款	
在制品		应交所得税	
产成品		—	
原材料		—	
流动资产合计		负债合计	
厂房		股东资本	
生产线		利润留存	
在建工程		年度净利	
固定资产合计		所有者权益合计	
资产总计		负债和所有者权益总计	

表 5-7 运营记录表

用户　　　　第　年经营

操作顺序	企业经营流程每执行完一项操作，总经理在相应的方格内打钩。					
	手工操作流程	系统操作	手工记录			
年初	新年度规划会议					
	广告投放	输入广告费确认				
	参加订货会选订单/登记订单	选单				
	支付应付税（25%）	系统自动				
	支付长期贷款利息	系统自动				
	更新长期贷款/长期贷款还款	系统自动				
	申请长期贷款	输入贷款数额并确认				
1	季初盘点（请填余额）	产品下线，生产线完工（自动）				
2	更新短期贷款/短期贷款还本付息	系统自动				
3	申请短期贷款	输入贷款数额并确认				
4	原材料入库/更新原料订单	需要确认金额				
5	下原料订单	输入并确认				
6	购买/租用——厂房	选择并确认，自动扣现金				
7	更新生产/完工入库	系统自动				
8	新建/在建/转产/变卖——生产线	选择并确认				
9	紧急采购（随时进行）	随时进行输入并确认				
10	开始下一批生产	选择并确认				
11	更新应收款/应收款收现	需要输入到期金额				
12	按订单交货	选择交货订单确认				
13	产品研发投资	选择并确认				
14	厂房——出售（买转租）/退租/租转买	选择确认，自动转应收款				
15	新市场开拓/ISO 资格投资	仅第 4 季度允许操作				
16	支付管理费/更新厂房租金	系统自动				
17	出售库存	输入并确认（随时进行）				
18	厂房贴现	随时进行				
19	应收款贴现	输入并确认（随时进行）				
20	季末收入合计					
21	季末支出合计					
22	季末数额对账[（1）+（20）－（21）]					
年末	缴纳违约订单罚款（25%）	系统自动				
	支付设备维护费	系统自动				
	计提折旧	系统自动				（　）
	新市场/ISO 资格换证	系统自动				
	结账					

表 5-8　会计报表

第　　年　　　　　　　　　　用户名：

综合费用表

单位：万元

项目	金额
管理费	
广告费	
设备维修费	
其他损失	
转产费	
厂房租金	
新市场开拓	
ISO 资格认证	
产品研发	
信息费	
合计	

利润表

单位：万元

项目	金额
销售收入	
直接成本	
毛利	
综合费用	
折旧前利润	
折旧	
支付利息前利润	
财务费用	
税前利润	
所得税	
年度净利润	

资产负债表

单位：万元

项目	金额	项目	金额
现金		长期贷款	
应收款		短期贷款	
在制品		应交所得税	
产成品		—	
原材料		—	
流动资产合计		负债合计	
厂房		股东资本	
生产线		利润留存	
在建工程		年度净利	
固定资产合计		所有者权益合计	
资产总计		负债和所有者权益总计	

表 5-9　运营记录表

用户　　　　第　年经营

操作顺序	企业经营流程每执行完一项操作，总经理在相应的方格内打钩。					
	手工操作流程	系统操作	手工记录			
年初	新年度规划会议					
	广告投放	输入广告费确认				
	参加订货会选订单/登记订单	选单				
	支付应付税（25%）	系统自动				
	支付长期贷款利息	系统自动				
	更新长期贷款/长期贷款还款	系统自动				
	申请长期贷款	输入贷款数额并确认				
1	季初盘点（请填余额）	产品下线，生产线完工（自动）				
2	更新短期贷款/短期贷款还本付息	系统自动				
3	申请短期贷款	输入贷款数额并确认				
4	原材料入库/更新原料订单	需要确认金额				
5	下原料订单	输入并确认				
6	购买/租用——厂房	选择并确认，自动扣现金				
7	更新生产/完工入库	系统自动				
8	新建/在建/转产/变卖——生产线	选择并确认				
9	紧急采购（随时进行）	随时进行输入并确认				
10	开始下一批生产	选择并确认				
11	更新应收款/应收款收现	需要输入到期金额				
12	按订单交货	选择交货订单确认				
13	产品研发投资	选择并确认				
14	厂房——出售（买转租）/退租/租转买	选择确认，自动转应收款				
15	新市场开拓/ISO 资格投资	仅第 4 季度允许操作				
16	支付管理费/更新厂房租金	系统自动				
17	出售库存	输入并确认（随时进行）				
18	厂房贴现	随时进行				
19	应收款贴现	输入并确认（随时进行）				
20	季末收入合计					
21	季末支出合计					
22	季末数额对账[（1）+（20）−（21）]					
年末	缴纳违约订单罚款（25%）	系统自动				
	支付设备维护费	系统自动				
	计提折旧	系统自动				（　）
	新市场/ISO 资格换证	系统自动				
	结账					

表 5-10 会计报表

第　　年　　　　　　　　　　用户名：

综合费用表

单位：万元

项目	金额
管理费	
广告费	
设备维修费	
其他损失	
转产费	
厂房租金	
新市场开拓	
ISO 资格认证	
产品研发	
信息费	
合计	

利润表

单位：万元

项目	金额
销售收入	
直接成本	
毛利	
综合费用	
折旧前利润	
折旧	
支付利息前利润	
财务费用	
税前利润	
所得税	
年度净利润	

资产负债表

单位：万元

项目	金额	项目	金额
现金		长期贷款	
应收款		短期贷款	
在制品		应交所得税	
产成品		—	
原材料		—	
流动资产合计		负债合计	
厂房		股东资本	
生产线		利润留存	
在建工程		年度净利	
固定资产合计		所有者权益合计	
资产总计		负债和所有者权益总计	

表 5-11　运营记录表

用户　　　　第　年经营

操作顺序	企业经营流程每执行完一项操作，总经理在相应的方格内打钩。					
	手工操作流程	系统操作	手工记录			
年初	新年度规划会议					
	广告投放	输入广告费确认				
	参加订货会选订单/登记订单	选单				
	支付应付税（25%）	系统自动				
	支付长期贷款利息	系统自动				
	更新长期贷款/长期贷款还款	系统自动				
	申请长期贷款	输入贷款数额并确认				
1	季初盘点（请填余额）	产品下线，生产线完工（自动）				
2	更新短期贷款/短期贷款还本付息	系统自动				
3	申请短期贷款	输入贷款数额并确认				
4	原材料入库/更新原料订单	需要确认金额				
5	下原料订单	输入并确认				
6	购买/租用——厂房	选择并确认，自动扣现金				
7	更新生产/完工入库	系统自动				
8	新建/在建/转产/变卖——生产线	选择并确认				
9	紧急采购（随时进行）	随时进行输入并确认				
10	开始下一批生产	选择并确认				
11	更新应收款/应收款收现	需要输入到期金额				
12	按订单交货	选择交货订单确认				
13	产品研发投资	选择并确认				
14	厂房——出售（买转租）/退租/租转买	选择确认，自动转应收款				
15	新市场开拓/ISO 资格投资	仅第 4 季度允许操作				
16	支付管理费/更新厂房租金	系统自动				
17	出售库存	输入并确认（随时进行）				
18	厂房贴现	随时进行				
19	应收款贴现	输入并确认（随时进行）				
20	季末收入合计					
21	季末支出合计					
22	季末数额对账[（1）+（20）－（21）]					
年末	缴纳违约订单罚款（25%）	系统自动				
	支付设备维护费	系统自动				
	计提折旧	系统自动				（　）
	新市场/ISO 资格换证	系统自动				
	结账					

表 5-12　会计报表

第　　年　　　　　　　　　　　用户名：

综合费用表

单位：万元

项目	金额
管理费	
广告费	
设备维修费	
其他损失	
转产费	
厂房租金	
新市场开拓	
ISO 资格认证	
产品研发	
信息费	
合计	

利润表

单位：万元

项目	金额
销售收入	
直接成本	
毛利	
综合费用	
折旧前利润	
折旧	
支付利息前利润	
财务费用	
税前利润	
所得税	
年度净利润	

资产负债表

单位：万元

项目	金额	项目	金额
现金		长期贷款	
应收款		短期贷款	
在制品		应交所得税	
产成品		—	
原材料		—	
流动资产合计		负债合计	
厂房		股东资本	
生产线		利润留存	
在建工程		年度净利	
固定资产合计		所有者权益合计	
资产总计		负债和所有者权益总计	

三、流程控制

1 个季度经营完成需要以当季结束确认，当季结束界面如图 5-8 所示。提示支付行政管理费（每季/M）及支付租金且检测产品开发完成情况。

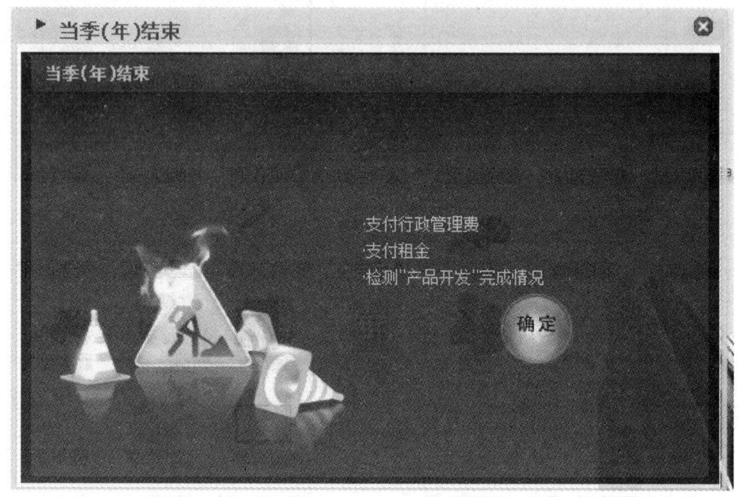

图 5-8　当季结束界面

1 季度结束后，为开始第 2 季度初，则出现图 5-9 所示界面。单击“确定”按钮，开始第 2 季度运行。

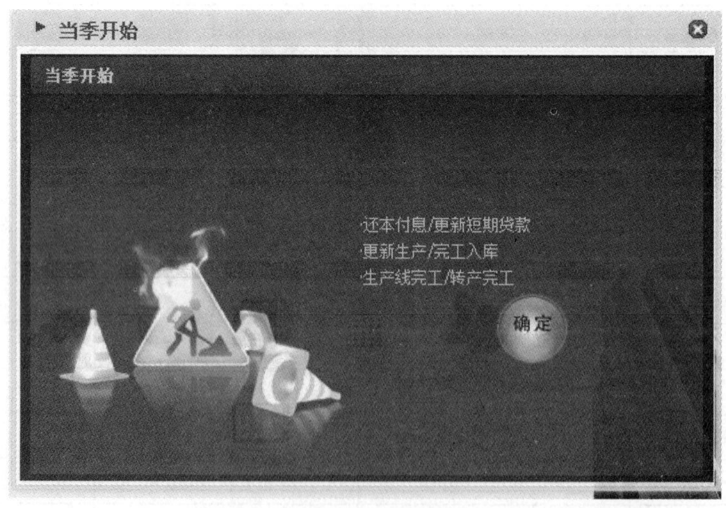

图 5-9　当季开始（第 1 年第 2 季度及以后每季度）界面

第 4 季度经营结束，则需要当年结束，确认 1 年经营完成；系统自动完成“检测‘新市场开拓，ISO 资格认证投资’”完成情况等提示，如图 5-10 所示。

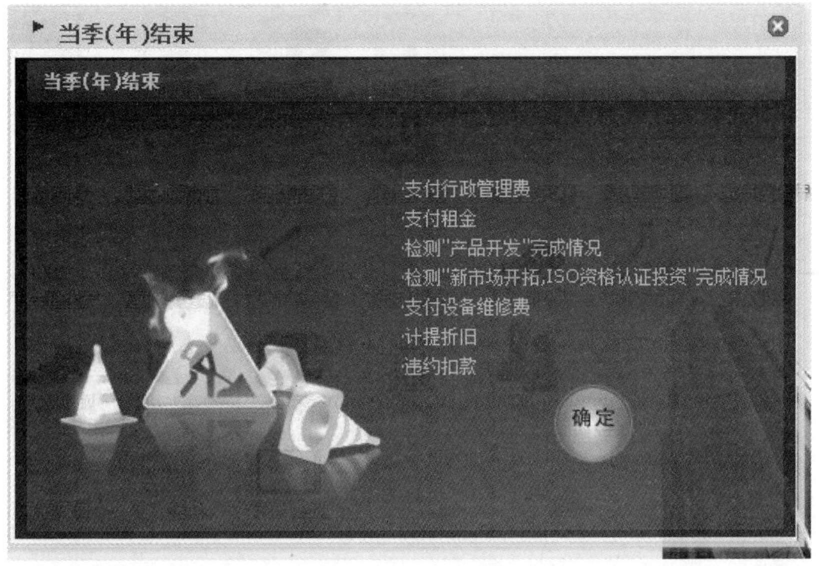

图 5-10　当年结束界面

电子沙盘结束后，请完成纸质 3 张表（综合费用表、利润表、资产负债表）。

操作中发生显示不当，可按 F5 键刷新或退出重新登录。

项目六

企业经营解密

任务一　分析企业经营本质

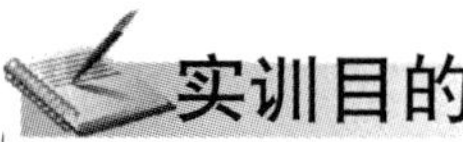

- 明确企业经营的本质和目的。
- 熟悉衡量企业经营好坏的主要指标。
- 提高对企业营运质量和盈利情况的分析能力。

企业利用一定的经济资源，运用各种生产要素，向社会提供产品和服务，获取利润。企业经营是指以企业为载体，经营者为了获得最大的物质利益而运用经济权利，用最少的物质消耗创造出尽可能多的能够满足人们各种需要的产品的经济活动。企业经营本质如图 6-1 所示。

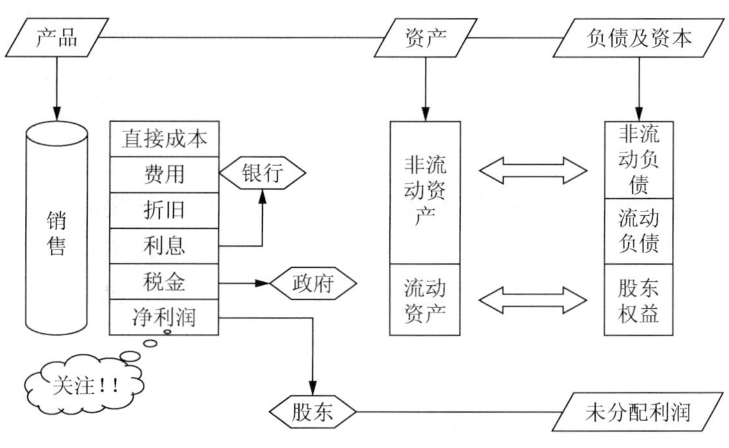

图 6-1　企业经营本质

企业是自主经营、自负盈亏、独立核算的经济主体。这要求企业必须建立一套适应市场需求的运营机制，要及时了解有关信息，适时调整产品结构，不断满足市场需求，增强自身竞争能力。

企业经营的目的是股东权益最大化，在 ERP 沙盘模拟课程中，权益的来源就是净利润。净利润的多少，不仅与销售有关，也与为实现产品的生产、销售等一系列活动所产生的费用有关，两者的差就是净利润。销售多，费用小，净利润才可能多。销售与市场大小、产品品种、产品产能息息相关，费用又与产品成本、资产运用、生产设备的折旧、融资方式有很大的联系。在企业经营过程中，需要将以上涉及的资源最优化。综合运用资源，使其达到效益最大成为企业的目标。那么，如何衡量企业经营的好坏呢？在这里，我们评价企业的生产经营状况主要通过两个指标来实现：总资产收益率（ROA）和净资产收益率（ROE）。其计算公式分别为

总资产收益率＝净利润/总资产

净资产收益率＝净利润/权益

企业经营绩效评估指标如图 6-2 所示。

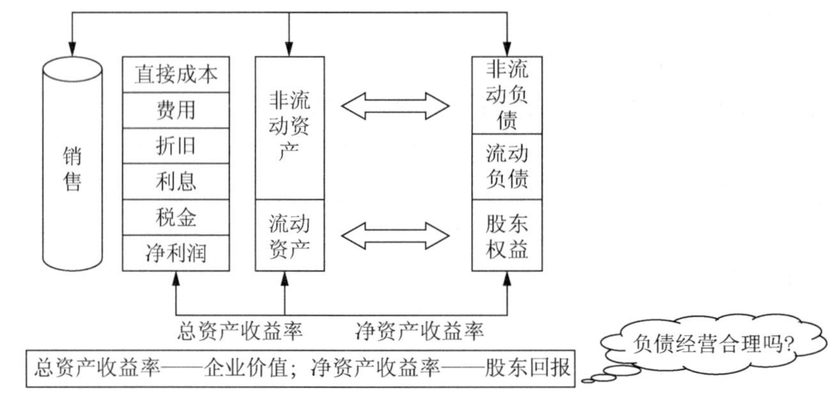

图 6-2　企业经营绩效评估指标

总资产收益率越高，反映企业的经营能力越强，相当于企业中 1 元的资产能获利多少。但我们知道企业的资金并不都属于股东，股东最关心的是他的收益率，净资产收益率反映的则是股东 1 元的投资能收益多少，当然越高越好。两者关系如下：

净资产收益率＝净利润/权益

＝净利润/总资产×（总资产/权益）

＝总资产收益率×［1/（1－资产负债率）］

其中，1/（1－资产负债率）为权益乘数。总资产收益率不变时，资产负债率越高，净资产收益率就越高，表明企业在“借钱生钱”，用别人的钱为股东赚钱，这就是财务杠杆

效应；资产负债率不变时，总资产收益率越高，净资产收益率也越高，这表明企业的经营能力越强，给股东带来越大的回报，这就是经营杠杆效应。

如果资产负债率过高，企业风险会很大。一旦出现贷款到期，现金流短缺，企业将面临严重的风险。在这里，我们将 A、B、C 这 3 家企业进行比较，它们的资产均为 100W，盈利能力计算分析如表 6-1 所示。

表 6-1　3 家企业的盈利能力计算分析

企业	总资产/W	负债/W	权益/W	净利/W	总资产收益率/%	净资产收益率/%
A	100	0	100	15	15	15
B	100	50	50	15	15	30
C	100	90	10	4	4	40

A、B 企业净利相同，但由于 B 企业运用了财务杠杆，提高了净资产收益率；而 C 企业虽然净利最少，只有 4W，但由于其高负债率，净资产收益率反而更高，达 40%，当然 C 企业也蕴含了巨大的风险，面临巨大的还贷压力，一旦现金断流，即意味着破产。

任务二　确定企业运营关键点

实训目的

- 熟悉企业运营关键点。
- 明确企业运营中的关键问题。
- 提高解决企业运营关键点存在问题的能力。

ERP 沙盘是一家典型的制造型企业，采购、生产与销售构成了企业的基本业务流程，整个流程中，有以下几个关键的问题需要明确。

一、如何确定产能

产能（capacity）指生产能力，也就是指在计划期内，企业参与生产的全部固定资产，在既定的组织技术条件下，所能生产的产品数量，或者能够处理的原材料数量。生产能力是反映企业所拥有的加工能力的一个技术参数，它也可以反映企业的生产规模。

每位生产总监必须用十分的精力去关心生产能力，因为他必须保证，随时需要知道企业的生产能力能否与市场需求相适应。当需求旺盛时，他需要考虑如何增加生产能力，以满足需求的增长；当需求不足时，他需要考虑如何缩小规模，避免能力过剩，尽可能减少损失。

企业在年度计划中规定本年度要达到的实际生产能力称为计划能力。

产能计划包括两大部分。首先是企业已有的生产能力，是近期内的查定能力；其次是企业在本年度内新形成的能力。后者可以是以前的基本建设或技术改造项目在本年度形成的能力，也可以是企业通过管理手段而增加的能力。

计划能力的大小基本上决定了企业的当期生产规模，生产计划量应该与计划能力相匹配。企业在编制计划时要考虑市场需求量，能力与需求难以完全一致，利用生产能力的不确定性，在一定范围内可以对生产能力进行短期调整，以满足市场需求。

在 ERP 沙盘模拟课程中，结合本企业的生产线及库存情况，我们应该计算出产品的承诺量即产能。产能的计算是选单及竞单的基础，牢记企业的产能，才会保证不出现多选产品、选错产品的失误。同时把产品全部卖掉，实现零库存。应该注意的是可承诺量并不是一个定数，而是一个约数，因为我们可以通过转产、紧急采购、租赁生产线来增加产能。

二、如何读懂市场预测

市场预测就是运用科学的方法，对影响市场供求变化的诸因素进行调查研究，分析和预见其发展趋势，掌握市场供求变化的规律，为经营决策提供可靠的依据。预测为决策服务，是为了提高管理的科学水平，减少决策的盲目性，我们需要通过预测来把握经济发展或者未来市场变化的有关动态，减少未来的不确定性，降低决策可能遇到的风险，使决策目标得以顺利实现。

市场是企业经营的最大变数，也是企业利润的最终源泉，解读产品的需求量和价格变化走势，对企业的重要性不言而喻。读懂了市场预测，仅仅结合产能，不足以制定广告策略，同时还要对竞争对手有正确的评估，企业竞争的实质就是“博弈”，知己知彼，百战不殆。很多时候价格高、需求量大的产品，往往导致企业全部扎进去，形成恶性竞争。

制定好了广告策略，再对产品的销售额、销售量、毛利形成明确的概念，才能投出合理、正确的广告。

三、如何确定生产计划和原材料订购计划

在物料需求管理当中，原材料、在制品、产成品是组成物料清单（bill of materials，BOM）的最基本元素，它们是计划的对象，也是库存和计算制造成本的对象。为了实现产品利润最大化，企业的供产销部门需要在订购、生产、销售的各个环节进行统筹安排，所有的物料需要均应列入计划，以便控制库存、控制成本，如图 6-3 所示。

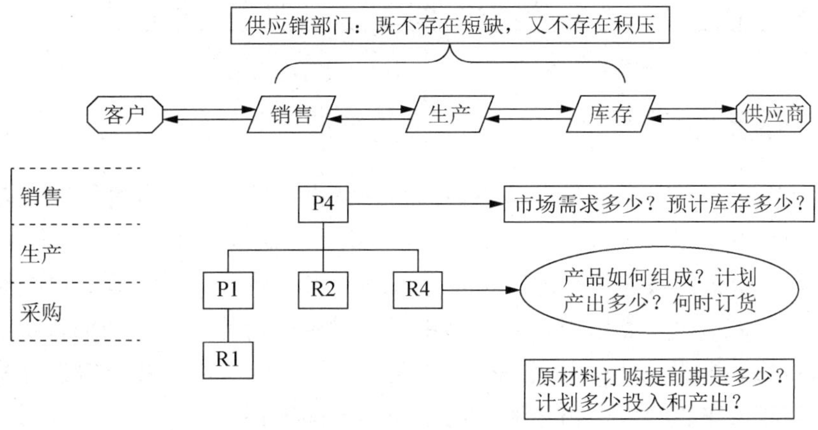

图 6-3　物料需求管理

1）生产计划是关于企业生产运作系统总体方面的计划，是企业在计划期应达到的产品品种、质量、产量和产值等生产任务的计划和对产品生产进度的安排。

2）采购计划是根据生产部门或其他使用部门的计划制订的包括采购物料、采购数量、需求日期等内容的计划表格（采购登记表）。

在 ERP 沙盘模拟课程中，当企业获取订单后，就可以编制生产计划和原材料订购计划。两者可以同时编制，以生产 P3 为例，其物料清单为 R1＋R2＋R3，其中 R1、R2 订购提前期为 1 季度，R3 为 2 季度。

若柔性线第 2 年 4 个季度均生产 R3，则第 1 季度的 P3 原材料 R1、R2 需要在第 1 年 4 季度订购，原材料 R3 需要在第 1 年 3 季度订购。以此类推，可以根据生产线类型及所生产产品类型计算出何时订购原材料、订购多少并编制出生产计划与原材料订购计划，如表 6-2 所示。在实际操作时，还要考虑原材料库存、转产、停产等因素。

表 6-2　柔性线生产计划与原材料订购计划

状态	时间（季度）					
	第 1 年 3 季度	第 1 年 4 季度	第 2 年 1 季度	第 2 年 2 季度	第 2 年 3 季度	第 2 年 4 季度
产品下线与原材料订购计划			1P3	1P3	1P3	1P3
原材料订购	R3	R1、R2、R3	R1、R2、R3	R1、R2、R3	R1、R2	

四、产品定位

在实际经营中，很多学生将经营不善归结为销售订单少、广告费用高、贷款能力不够等因素，但这些都是表面现象。“产品定位”极易被忽视，很多学生在经营过程中，业绩已经不佳，但仍然按照原来思路进行，该进入的产品市场不知道及时进入，该放弃的“鸡肋产品”依然舍不得放弃，甚至结束时，对企业为什么不盈利仍未明白。

沙盘的精髓在于深刻体验并理解企业运营中“产、供、销”之间的逻辑关系，从而引申到对计划、决策、战略、流程和团队合作等方面知识的认识，若不能透彻“剖析”各产品的定位，度量每个产品对企业的“贡献”并随时修正经营战略，无疑将使企业经营陷入混乱懵懂之境地。

“波士顿矩阵”分析是一种进行“产品定位”的不错方法。“波士顿矩形”分析法如图 6-4 所示。

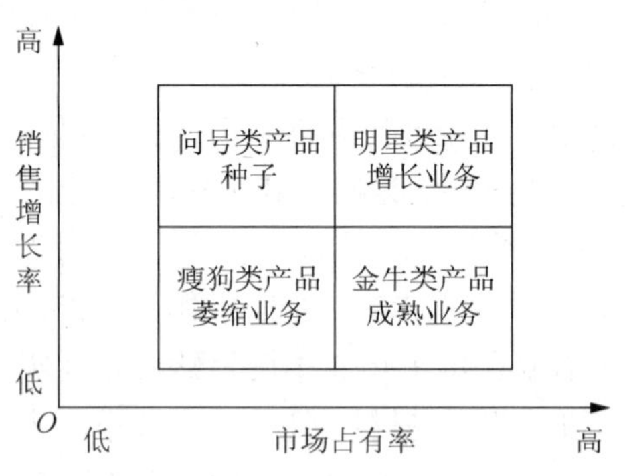

图 6-4　“波士顿矩阵”分析法

该方法认为一般决定产品结构的基本因素有两个，即市场引力与企业实力。

市场引力包括企业销售量（额）增长率、目标市场容量、竞争对手强弱及利润高低

等。其中最主要的是反映市场引力的综合指标——销售增长率（即需求增长率），这是决定企业产品结构是否合理的外在因素。

企业实力包括市场占有率、技术、设备、资金利用能力等，其中，市场占有率是决定企业产品结构的内在要素，它直接显示企业的竞争实力。销售增长率与市场占有率既相互影响，又互为条件：市场引力大，市场占有率高，可以显示产品发展的良好前景，企业也具备相应的适应能力，实力较强；如果仅市场引力大，而没有相应的高市场占有率，则说明企业尚无足够的实力，则该种产品也无法顺利发展。相反，企业实力强，而市场引力小的产品则预示了该产品的市场前景不佳。

通过以上两个因素相互作用，会出现 4 种不同性质的产品类型，形成不同的发展前景：①销售增长率和市场占有率“双高”的产品群（明星类产品）；②销售增长率和市场占有率“双低”的产品群（瘦狗类产品）；③销售增长率高、市场占有率低的产品群（问号类产品）；④销售增长率低、市场占有率高的产品群（金牛类产品）。

在 ERP 沙盘模拟企业经营课程中，“波士顿矩阵”分析法通过销售增长率和市场占有率两个指标，将 P 系列产品定义为 4 种业务的产品：明星业务产品、金牛业务产品、问号业务产品和瘦狗业务产品。

1. 明星业务产品

明星业务产品处于快速增长的市场中且占有支配地位的市场份额，该类业务产品将成为市场竞争中的领导者。若企业经营时抓住明星业务产品，保持与此类业务产品市场的同步增长，必能击退对手，获取胜利。面对明星业务产品，采用的发展战略是积极扩大经济规模和市场机会，以长远利益为目标，提高市场占有率，加强竞争地位。

2. 金牛业务产品

金牛业务产品，是指处于低增长率、高市场占有率的产品。这类产品已进入成熟期。其财务特点是销售量大，产品利润率高，可以为企业提供资金，而且由于增长率低，也无须增大投资。因而它成为企业回收资金，支持其他产品，尤其是明星产品投资的后盾。由于市场已经成熟，企业不必大量投资来扩展市场规模，同时作为市场中的领导者，该业务产品享有规模经济和高边际利润的优势，因而给企业带来大量财源。企业往往用金牛业务产品来支付账款并支持其他业务产品需要的现金。低端产品 P2 属于这种情况。

3. 问号业务产品

问号业务产品，是指高增长、低市场份额的产品。这类产品一般有较大的风险。企业若想获得这样的业务产品，就需要建厂房、增加设备，投入大量的现金，抢占迅速发展的市场，并超过竞争对手。问号业务产品就像种子一样，只有那些符合企业长远发展目标、具有资源优势的企业才能把其培育成参天大树。在沙盘企业经营中，高端产品P4、P5 基本上属于这种情况，此时面临的问题为是否有足够的资金进行产品研发和生产线建设的投入。

4. 瘦狗业务产品

瘦狗业务产品既不能产生大量的现金，也不需要投入太多现金，其利润没有大的增长空间。通常这类业务产品是微利或者亏损的（例如，经营后期，用租赁线生产 P1）。很多企业在经营过程中，没有采取收缩战略，转移到更有利的其他业务，只是依靠现有的瘦狗业务产品勉强生存。正确的做法是，及时转移产品，绝对不能将瘦狗业务产品作为主打产品。当然，在经营后期，为了柔性线生产的灵活性或者避免生产线闲置，也可以考虑搭配一些瘦狗业务产品，如 P1 产品。

任务三　资金管理——现金为王

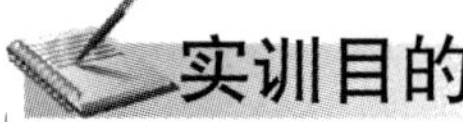

实训目的

- 明确企业营运中现金管理的重要性。
- 熟悉现金预算和有效使用知识。
- 通过资金预算，合理使用现金，提高控制现金风险的能力。

在 ERP 沙盘经营中经常看到的现象：看到现金不少，心中比较放心；还有不少现金，却破产了；能借钱的时候多借点，以免第 2 年借不到等。这些说明学生对资金管理还不太理解。下面从资金管理的角度进行分析。

不少学生认为“库存现金越多越好”，这种想法是错误的。在企业经营中，如果营运资金够用，则库存现金越少越好。因为库存现金得不到充分利用是要付出代价的。资金的来源：一是银行贷款，这是要付利息的，即使短期借贷利率最低，也要 5%；二是股东投资，股东是要经营者以钱赚钱的，放在企业里闲置不用未免浪费。

库存现金不少，却破产了，很多学生难以理解。破产有两种原因：一是资金断流；二是权益为负。从短期看，两者是矛盾的，有库存现金只能表示资金充足。若没有很好

地把钱利用起来，资金越多，放在家里需要付出的资金成本——财务费用就越高，将直接导致本年权益下降，直至权益为负，最终破产。从长期看，两者又是统一的，权益高了，就可以从银行借更多的钱。企业经营，在这两者间会相当纠结，要想发展，做大做强，必须借钱、投资；若借太多的钱，则会增加财务费用，给企业带来负担，若经营不善，反而会使权益下降。

在权益较大的时候多借些钱，以免来年权益下降了借不到，这种观点正确吗？也是不正确的，如果那样做，企业将会背负沉重的财务负担。企业只有真正把所借的钱用在该用的地方，创造出价值来，让其物有所值，才是我们所希望看到的，也是资金管理在企业经营中要达到的目标。资金管理示意图如图 6-5 所示。

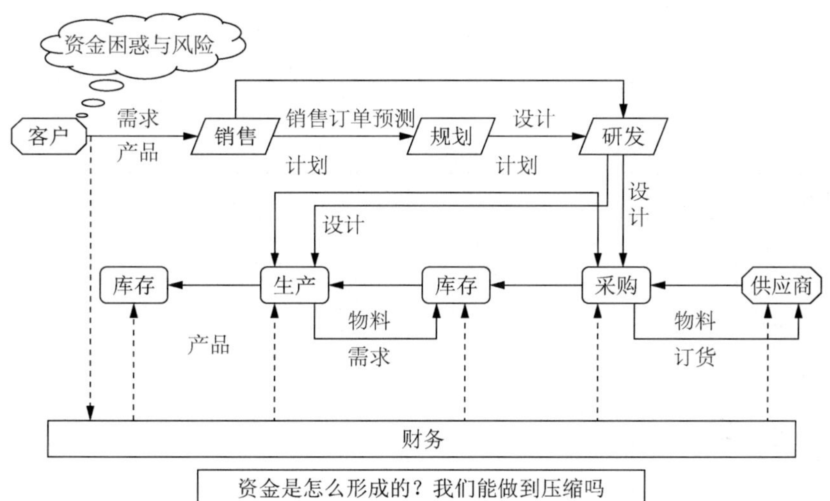

图 6-5 资金管理示意图

“现金为王”一直以来被视为企业资金管理的中心理念。企业现金流量管理水平往往是决定企业存亡的关键所在。现金流（cash flow）是指一段时间内企业现金流入和流出的数量。企业在销售商品、提供劳务，或是出售固定资产、向银行借款的时候都会取得现金，形成现金的流入。而企业为了生存、发展、扩大需要购买原材料、支付工资、构建固定资产、偿还债务等，这些活动会导致企业现金的流出。如果企业手头上没有足够的现金流来面对这些业务的支出，其结果是可想而知的。从企业整体发展来看，现金流比利润更为重要，它贯穿企业的每个环节。企业的持续性发展经营，靠的不是高利润而是良好、充足的现金流。市场竞争日益激烈，企业面临的生存环节复杂多变，通过提高企业现金流的管理水平，才可以合理地控制营运风险，提高企业整体资金的利用效率，从而不断加快企业自身的发展。

资金是企业日常经营的“血液”，断流一天都不可。我们将可能涉及资金流入流出的业务汇总后，不难发现其基本上涵盖了所有的业务，如果将来年可能的发生额填入表中，就形成了资金预算表，如表 6-3 所示。如果出现断流，必须及时调整策略，分析哪里有资金流入，及时给予补充。

表 6-3 资金预算表

项目	1 季度	2 季度	3 季度	4 季度
期初库存现金余额				
申请新的长期借款				
支付长期借款利息				
支付到期的长期借款				
支付广告费				
支付所得税				
支付短期借款利息				
支付到期的短期借款				
经营前库存现金				
贴现款、贴现利息				
申请新的短期借款				
更新原材料库（支付原材料费用）				
加工费				
厂房租买开支				
投资生产线				
变卖生产线收入				
生产线转产费				
更新应收账款（收到应收账款）				
支付产品研发费				
支付管理费				
支付 ISO 认证投资				
支付市场开拓费用				
支付设备维修费				
支付违约金				
期末库存现金余额				

通过表 6-3，我们发现，资金流入项目很有限，其中对权益有增长的仅有“更新应收账款（收到应收账款）”一项，而企业流入项目对权益有“负面”影响。例如，长短期借款、贴现，会增长企业财务费用；出售生产线，会导致企业产生损失；虽然出售厂房不影响权益，但是厂房出售后得到的是 4 期的应收账款，得到现金需要 1 年的时间，如果贴现，则要支付贴现利息。

至此，我们明白了资金预算的意义：首先，需要保证企业正常运作，不发生断流，否则就会破产出局；其次，合理安排资金，降低资金成本，使股东权益最大化。

通过分析，资金管理对企业经营的重要性不言而喻，实行资金计划管理，对各项资金都要按照企业经营决策来进行有效利用。资金预算、销售计划、开工计划和原材料订购计划的综合使用，既可保证各计划正常执行，又可防止出现不必要的浪费，如库存积压、生产线停产、盲目超前投资等。同时，如果市场形势、竞争格局发生改变，资金预算必须进行动态调整，适应要求。可以讲，资金的合理安排，为其他部门的正常运转提供了强有力的保障。

任务四　用数说话——不赚钱的原因分析

实训目的

- 明确导致企业成本升高的主要原因。
- 熟悉成本分析的量本利分析知识。
- 具备成本分析和量本利分析技能，提高企业盈利分析能力。

在 ERP 沙盘中，很多企业忙碌了好久，销售收入也很高，但就是利润很少。这是为什么呢？我们从以下 3 个方面来分析说明。

一、成本分析——钱花哪儿去了

销售收入很多，但利润低，原因出在哪里？我们前面讲过，企业的利润增长主要与销售收入和费用有关，想要获得高利润，必须“开源节流”。总经理和企业的管理人员通过综合费用表和利润表的仔细研究与分析发现，为了售出产品，企业发生了很多现金支出，这些支出包括损失、厂房租金、生产线维修费、产品研发、财务费用等，是它们耗用了企业的大量现金，导致企业利润低。进一步分析得出，这些费用主要由以下情况形成。

1）选单发生了重大失误或者生产和销售没有衔接好，用紧急采购弥补，出现损失，导致直接成本高。

2）盲目扩大生产线，不停地贴现，才能不发生现金断流，导致财务费用高。这主要是因为对资金的把控能力不足。

3）投入广告费高，拿到的订单总销量偏低，使得单位订单利润低，原因是对市场研究不透彻，市场总监出现失误。

知道钱花哪里了，查明了企业成本升高的原因，控制了企业大量不必要的浪费。接下来就要分析哪个产品最赚钱。

二、产品贡献度——产什么合算

我们将每种产品涉及的费用归类统计，并计算出每种产品的各项成本分摊比例，并累计成产品成本。产品成本分析如图 6-6 所示。

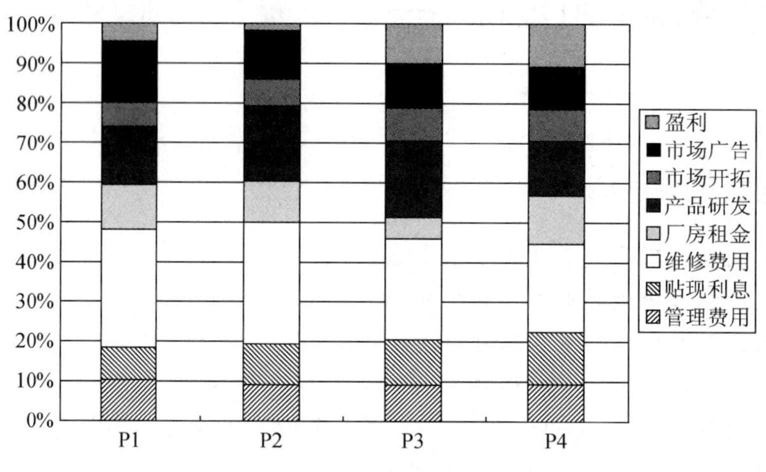

图 6-6　产品成本分析

通过对每种产品贡献度的分析，我们找到了最合算的产品。同时，对没有获得利润的产品，再进行有针对性的分析，探究这类产品市场价格高却没有利润的原因。只有这样，我们才能真正了解市场，抓住商机。

例如，通过市场预测分析得出单位 P3 净利润最高，那我们去生产 P3 就一定能赚钱吗？不一定，因为所有的企业都可以分析出 P3 净利润高，如果都去生产，必然导致 P3 竞争激烈，为了拿到订单，无形之中推高市场的广告费，分摊到每种产品上的成本就高，

最后反而不如其他利润低的产品赚得多。另外，如何建造生产线、建造什么样的生产线、原材料更新多少等都是控制成本中需要考虑的问题。

三、量本利分析——产多少才赚钱

销售额与销售数量成正比，而企业成本支出分为固定成本和变动成本两部分。固定成本和销售数量无关，如折旧、贷款利息等。变动成本与销售数量有关，如原材料费、加工费等。成本过高或产量不足都会影响利润。另外，产量的多少也要涉及贴现的多少等因素。盈亏平衡分析图如图 6-7 所示。

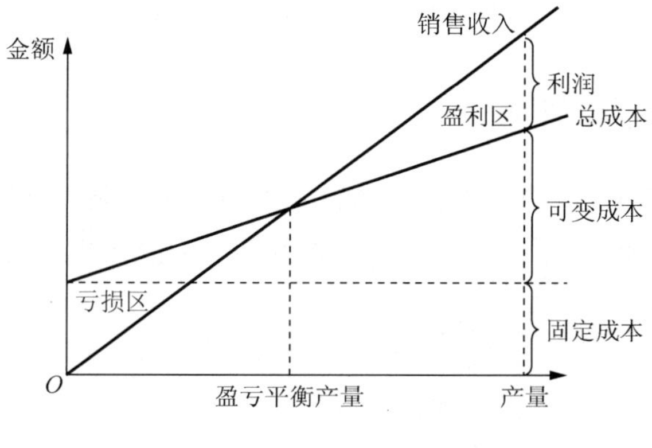

图 6-7　盈亏平衡分析图

任务五　谋定而后动——战略制定

实训目的

- 明确企业战略动态调整的重要性。
- 提高企业运营中的应变能力。

一、经营中常见问题

以下是 ERP 沙盘经营中经常会遇到的情况。

1）盲目建设了 4 条柔性线，建成后发现流动资金不足，只能停产。

2）在某个市场投入大量广告，却发现并没有竞争对手，造成了浪费。

3）一开始就研发了某种产品并进行了认证，却始终没有生产该产品。

4）不知道生产什么，采购了一大堆原材料。

5）没有计算产能，却在市场上拿了很多订单。

……

在实训中，很多企业在经营时思路不清晰，这是典型的没有战略的表现。战略，用迈克尔·波特的话说就是企业各项运作活动之间建立的一种配称。企业所拥有的资源是有限的，如何分配这些资源，使企业价值最大化，这就是配称。目标和资源之间必须是匹配的，不然目标再远大，实现不了，也只能沦为空想。

二、战略问题的思考

ERP 沙盘模拟经营必须在经营之初就做好如下几个战略问题的思考。

1）企业经营目标的核心是盈利目标，还包括市场占有率、无形资产占用等目标。

2）开发什么市场？何时开发？

3）开发什么产品？何时开发？

4）开发什么 ISO 认证产品？何时开发？

5）建设什么生产线？何时建设？

6）什么时候贷款？长短期借款如何结合？何时进行贴现？

……

ERP 沙盘模拟经营中为了实现战略目标，最有效的工具是做长期资金规划。预先将企业下一年的资金预算做出，形成资金的使用规划，同时将下一年的预测财务报表、生产计划、采购计划也一并完成，就形成了一整套可行的战略规划。在执行的过程中，战略规划要不停地做出动态调整。

需要重视的地方：①执行的过程是一个动态的过程，对手的动作是不可预知的，任何战略都要在分析对手数据和市场的情况下，重新做出评估；②前 3 年是经营关键期，此时的企业资源较少，战略执行必须步步为营，用好每一分钱。

任务六　认知财务分析

实训目的

- 熟悉财务分析的主要指标及其内涵。
- 提高企业财务指标的分析能力。

财务分析的本质是搜集与决策有关的各种财务信息，并加以分析和解释的一种技术，皆在评估企业现在或过去的财务状况及经营成果，其主要目的在于对企业未来的状况及经营业绩进行最佳预测。

财务分析的方法与分析工具众多，经常用到的是围绕财务指标进行单指标、多指标综合分析，再借用一些参照值（如预算、目标等），运用一些分析方法（比率、趋势、架构、因素等）进行分析，然后通过直观、人性化的格式（报表、图文报告等）展现给用户。

财务指标分析是指总结和评价企业财务状况与经营成果的分析指标，包括偿债能力指标、营运能力指标、盈利能力指标和发展能力指标。

一、偿债能力分析

偿债能力是指企业偿还到期债务（包括本息）的能力。偿债能力分析包括短期偿债能力分析和长期偿债能力分析。

1. 短期偿债能力分析

短期偿债能力是指企业流动资产对流动负债及时足额偿还的保证程度，是衡量企业当前财务能力，特别是流动资产变现能力的重要标志。企业短期偿债能力分析主要采用比率分析法，衡量指标主要有流动比率、速动比率和现金流动负债比率。

（1）流动比率

流动比率是流动资产与流动负债的比率，表示企业每元流动负债有多少流动资产作为偿还的保证，反映了企业的流动资产偿还流动负债的能力。其计算公式为

$$流动比率=流动资产/流动负债\times 100\%$$

一般情况下，流动比率越高，反映企业短期偿债能力越强，因为该比率越高，不仅反映企业拥有更多的营运资金抵偿短期债务，而且表明企业可以变现的资产数额越大，债权人的风险越小。但是，过高的流动比率并不都是好现象。

从理论上讲，流动比率维持在 200%是比较合理的。但是，由于行业性质不同，流动比率的实际标准也不同。所以，在分析流动比率时，应将其与同行业平均流动比率、本企业历史的流动比率进行比较，才能得出合理的结论。

（2）速动比率

速动比率又称酸性测试比率，是企业速动资产与流动负债的比率。其计算公式为

速动比率＝速动资产/流动负债×100%

速动资产＝流动资产－存货

或

速动资产＝流动资产－存货－预付账款

计算速动比率时，流动资产中扣除存货，是因为存货在流动资产中变现速度较慢，有些存货可能滞销，无法变现。至于预付账款等根本不具有变现能力，只是减少企业未来的现金流出量，所以理论上也应加以剔除，但实务中，由于它们在流动资产中所占的比重较小，计算速动资产时也可以不扣除。

传统经验认为，速动比率维持在 100%较为正常，它表明企业的每 1 元流动负债就有 1 元易于变现的流动资产来抵偿，短期偿债能力有可靠的保证。

速动比率过低，企业的短期偿债风险较大；速动比率过高，企业在速动资产上占用资金过多，会增加企业投资的机会成本。但以上评判标准并不是绝对的。

（3）现金流动负债比率

现金流动负债比率是企业一定时期的经营现金净流量与流动负债的比率，它可以从现金流量角度来反映企业当期偿付流动负债的能力。其计算公式为

现金流动负债比率＝年经营现金净流量/年末流动负债×100%

上式中的“年经营现金净流量”指一定时期内，由于企业经营活动所产生的现金及现金等价物的流入量与流出量的差额。

该指标是从现金流入和流出的动态角度对企业实际偿债能力进行考查的。用该指标评价企业偿债能力更为谨慎。该指标较大，表明企业经营活动产生的现金净流量较多，能够保障企业按时偿还到期债务，但不是越大越好，太大则表明企业流动资金利用不够充分，收益能力不强。

2. 长期偿债能力分析

长期偿债能力是指企业偿还非流动负债的能力。它的大小是反映企业财务状况稳定

与否及安全程度高低的重要标志。其分析指标主要有 3 项。

（1）资产负债率

资产负债率又称负债比率，是企业的负债总额与资产总额的比率。它表示企业资产总额中，债权人提供资金所占的比重，以及企业资产对负债人权益的保障程度。其计算公式为

资产负债率＝负债总额/资产总额×100%

资产负债率的高低对企业的债权人和所有者具有不同的意义。

债权人希望负债比率越低越好，此时，其债权的保障程度就越高。

对所有者而言，其最关心的是投入资本的收益率。只要企业的总资产收益率高于借款的利息率，举债越多，即负债比率越大，所有者的投资收益越大。

一般情况下，企业负责经营规模应控制在一个合理的水平，负债所占的比重应掌握在一定的标准内。

（2）产权比率

产权比率也称资本负债率，是指负债总额与所有者权益总额的比率，是企业财务结构稳健与否的重要标志。其计算公式为

产权比率＝负债总额/所有者权益总额×100%

该比率反映了所有者权益对债权人权益的保障程度，即在企业清算时债权人权益的保障程度。该指标越低，表明企业的长期偿债能力越强，负债人权益的保障程度越高，承担风险越小，但企业不能充分地发挥负债的财务杠杆效应。

（3）负债与有形净资产比率

负债与有形净资产比率是负债总额与有形净资产的比例关系，表示企业有形净资产对债权人权益的保障程度。其计算公式为

负债与有形净资产比率＝负债总额/有形净资产×100%

有形净资产＝所有者权益－无形资产－递延所得税资产

企业的无形资产、递延所得税资产等一般难以作为偿债的保证，从净资产中将其剔除，可以更合理地衡量企业清算时对债权人权益的保障程度。该比率越低，表明企业长期偿债能力越强。

二、营运能力分析

营运能力是指通过计算企业资金周转的有关指标分析其资产利用的效率，是对企业管理层管理水平和资产运用能力的分析。

1. 应收账款周转率

应收账款周转率也称应收账款周转次数，是一定时期内商品或产品主营业务收入净额与平均应收账款余额的比值，是反映应收账款周转速度的一项指标。其计算公式为

应收账款周转率（次数）＝主营业务收入净额/平均应收账款余额

主营业务收入净额＝主营业务收入－销售折让与折扣

平均应收账款余额＝（应收账款年初数＋应收账款年末数）/2

应收账款周转天数＝360/应收账款周转率

＝平均应收账款×（360/主营业务收入净额）

应收账款包括应收账款净额和应收票据等全部赊销账款。应收账款净额是指扣除坏账准备后的余额，应收票据如果已向银行办理了贴现手续，则不应包括在应收账款余额内。

应收账款周转率反映了企业应收账款变现速度的快慢及管理效率的高低，周转率越高，表明收账迅速，账龄较短；资产流动性强，短期偿债能力强；可以减少收账费用和坏账损失，从而相对增加企业流动资产的投资收益。同时借助应收账款周转期与企业信用期限的比较，还可以评价购买单位的信用程度，以及企业此前制定的信用条件是否适当。

但是，在评价企业应收账款周转率是否合理时，应与同行业的评价水平相比较而定。

2. 存货周转率

存货周转率也称存货周转次数，是企业一定时期内的主营业务成本与存货平均余额的比率。它是反映企业的存货周转速度和销货能力的一项指标，也是衡量企业生产经营中存货营运效率的一项综合性指标。其计算公式为

存货周转率（次数）＝主营业务成本/存货平均余额

存货平均余额＝（存货年初数＋存货年末数）/2

存货周转天数＝360/存货周转率

＝存货平均余额×（360/主营业务成本）

存货周转速度的快慢，不仅反映企业采购、储存、生产、销售各个环节管理工作状况的好坏，而且对企业的偿债能力及获利能力产生决定性的影响。一般来说，存货周转率越高越好。存货周转率越高，表明其变现的速度越快，周转率越大，资金占用水平越低。存货占用水平越低，存货积压的风险就越小，企业的变现能力以及资金使用效率就越好。

3. 总资产周转率

总资产周转率是企业主营业务收入净额与资产总额的比率。它可以用来反映企业全部资产的利用效率。其计算公式为

总资产周转率＝主营业务收入净额/资产平均总额

资产平均总额＝（期初资产总额＋期末资产总额）/2

资产平均总额应按分析期的不同分别加以确定，并应当使主营业务收入净额在时间上保持一致。

总资产周转率高，说明全部资产的经营效率高，取得的收入多；该周转率低，说明全部资产的经营效率低，取得的收入少，最终会影响企业的盈利能力。企业应采取各项措施来提高企业的资产利用程度，如提高销售收入或处理多余的资产。

4. 固定资产周转率

固定资产周转率是指企业年销售收入净额与固定资产平均净额的比率。它是反映企业固定资产周转情况，从而衡量固定资产利用效率的一项指标。其计算公式为

固定资产周转率＝主营业务收入净额/固定资产平均净值

固定资产平均净值＝（期初固定资产净值＋期末固定资产净值）/2

固定资产周转率低，表明固定资产实用效率不高，提供生产成果不多，企业的营运能力欠佳。

在实际分析该指标时，应剔除某些因素的影响。一方面，固定资产的净值随着折旧计提而逐渐减少，因固定资产更新，净值会突然增加。另一方面，由于折旧方法不同，固定资产净值缺乏可比性。

三、盈利能力分析

盈利能力就是企业资金增值的能力，它通常体现为企业受益数额的大小与水平的高低。可以按照会计基本要素设置销售毛利率、销售净利率、营业利润率、资产净利率、净资产收益率和资本保值增值率等指标，借以评价企业各要素的盈利能力及资本保值增值情况。

1. 销售毛利率

销售毛利率是销售毛利与销售收入净额之比。其计算公式为

销售毛利率＝销售毛利/销售收入净额×100%

销售毛利＝销售收入净额－销售成本

销售毛利率指标反映了产品或商品销售的初始获利能力。该指标越高，表明取得同样销售收入的销售成本越低，销售利润越高。

2. 销售净利率

销售净利率是企业的净利润与销售收入净额的比率。其计算公式为

销售净利率＝净利润/销售收入净额×100%

销售净利率指标反映了产品或商品销售获得净利润的能力。该比率越高，表明企业通过扩大销售获取净利润的能力越强。

3. 营业利润率

营业利润率是企业营业利润或利润总额与营业收入的比率。其计算公式为

营业利润率＝营业利润或利润总额/营业收入×100%

营业利润率指标反映了企业经营活动（包括主营业务和其他业务）营业收入获取营业利润或利润总额的能力。该比率越高，表明企业通过经营活动获取营业利润或利润总额的能力越强。

根据利润表的构成，企业的利润分为营业利润、利润总额和净利润 3 种形式。其中，利润总额和净利润包含非销售利润因素，所以，通过销售净利率和营业利润率指标能够更全面地反映产品或商品销售及企业营业活动的获利能力，还可以发现企业财务状况的稳定性，以及企业面临的危险或可能出现的转机迹象。

4. 资产净利率

资产净利率是企业净利润与平均资产总额的比率。它是反映企业资产综合利用效果的指标。其计算公式为

资产净利率＝净利润/资产平均总额×100%

平均资产总额为期初资产总额与期末资产总额的平均数。资产净利率越高，表明企业资产利用的效率越高，整个企业盈利能力越强，经营管理水平越高。

5. 净资产收益率

净资产收益率亦称净值报酬率或权益报酬率，是指企业一定时期内的净利润与平均净资产的比率。它可以反映投资者投入企业的自由资本获取净收益的能力，即反映投资与报酬的关系，因而是评价企业资本经营效率的核心指标。其计算公式为

净资产收益率＝净利润/平均净资产×100%

平均净资产＝（所有者权益年初数＋所有者权益年末数）/2

净利润是指企业的税后利润，是未进行分配的数额；平均净资产是企业年初所有者权益与年末所有者权益的平均数。

净资产收益率是评价企业自有资本及其积累获取报酬水平的最具综合性与代表性的指标，反映企业资本营运的综合效益。通过对该指标的综合对比分析，可以看出企业获利能力在同行中所处的地位，以及与同类企业的差异水平。一般认为，企业净资产收益率越高，企业自有资本获取收益的能力越强，运营效益越好，对企业投资人、债权人的保障程度越高。

6. 资本保值增值率

资本保值增值率是企业期末所有者权益总额与期初所有者权益总额的比率。它表示企业当年资本在其自身努力下的实际增减变动情况，是评价企业财务效益状况的辅助指标。其计算公式为

资本保值增值率＝期末所有者权益/期初所有者权益×100%

该指标反映了投资者投入企业资本的保全性和增值性。该指标越高，表明企业的资本保全状况越好，所有者权益的增长越好，债权人的债务越有保障，企业发展后劲越强。一般情况下，资本保值增值率大于 1，表明所有者权益增加，企业增值能力较强。但是，在实际分析时应考虑企业利润分配情况及通货膨胀因素对其的影响。

四、发展能力分析

发展能力是企业在生存的基础上，扩大规模，壮大实力的潜在能力。在分析企业发展能力时，主要考虑以下指标。

1. 销售增长率

销售增长率是指企业本年销售收入增长额同上年销售收入总额的比率。企业销售收入是指企业的主营业务收入。销售增长率表示与上年相比企业销售收入的增减变化情况，是评价企业成长状况和发展能力的重要指标。

2. 资本累积率

资本累积率是指企业本年所有者权益增长额同年初所有者权益的比率，它可以表示企业当年的积累能力，是评价企业发展潜力的重要指标。

3. 总资产增长率

总资产增长率是企业本年总资产增长额同年初资产总额的比率，它用来衡量企业本期资产规模的增长情况和评价企业经营规模总量上的扩张程度。

4. 固定资产成新率

固定资产成新率是企业当期平均固定资产净值同平均固定资产原值的比率。

5. 三年利润平均增长率

三年利润平均增长率表示企业利润的连续 3 年增长情况，体现企业的发展潜力。

6. 三年资本平均增长率

三年资本平均增长率表示企业资本连续 3 年的积累情况。

需要强调的是，上述 4 类指标不是相互独立的，它们相辅相成，有一定的内在联系。企业周转能力越好，获利能力就越强，那么企业的偿债能力和发展能力就会越高。反之亦然。

五、经营能力分析

经营能力包括收益力、成长力、安定力、活动力和生产力。五力指标如表 6-4 所示。

表 6-4　五力指标

五力指标	构成要素	计算公式
收益力	销售毛利率	（销售收入－销售成本）/销售收入×100%
	销售净利率	净利润/销售收入×100%
	总资产收益率	净利润/[（期初总资产＋期末总资产）/2]×100%
	净资产收益率	净利润/[（期初所有者权益＋期末所有者权益）]/2×100%
	总资产收益率	税前利润/总资产×100%
成长力	收入增长率	（本期销售收入－上期销售收入）/上期销售收入×100%
	利润增长率	（本期净利润－上期净利润）/上期净利润×100%
	净资产增长率	（本期期末净资产－上期期末净资产）/上期期末净资产×100%
安定力	流动比率	期末流动资产/期末流动负债×100%
	速动比率	（期末流动资产－期末库存）/期末流动负债×100%

续表

五力指标	构成要素	计算公式
安定力	固定资产长期适配率	期末固定资产/（期末非流动负债＋期末所有者权益）×100%
	资产负债率	期末负债/期末资产×100%
活动力	应收账款周转率	当期销售净额/当期平均应收账款×100%
	存货周转率	当期销售成本/[（期初存货＋期末存货）/2]×100%
	固定资产周转率	当期销售成本/[（期初固定资产＋期末固定资产）/2]×100%
	总资产周转率	当期销售成本/[（期初总资产＋期末总资产）/2]×100%
生产力	人均利润	当期利润总额/当期平均职工总数
	人均销售收入	当期销售收入/当期平均销售人员数

注：①平均总资产＝（期初总资产＋期末总资产）/2；②总资产＝平均流动资产＋平均固定资产；③平均固定资产＝（期初固定资产＋期末固定资产）/2；④平均流动资产＝（期初流动资产＋期末流动资产）/2。

六、杜邦分析法——找出影响利润的因素

杜邦分析法利用几种主要的财务比率之间的关系来综合地分析企业的财务状况，这种分析方法最早由美国杜邦公司使用，故名杜邦分析法。它是一种用来评价公司盈利能力和股东权益回报水平，从财务角度评价企业绩效的一种经典方法。其基本思想是将企业净资产收益率逐级分解为多项财务比率乘积，这样有助于深入分析比较企业经营业绩。

杜邦分析法将净资产收益率分解为3部分进行分析：利润率、总资产周转率和财务杠杆。这种方式也被称作“杜邦分析体系”，如图6-8所示。

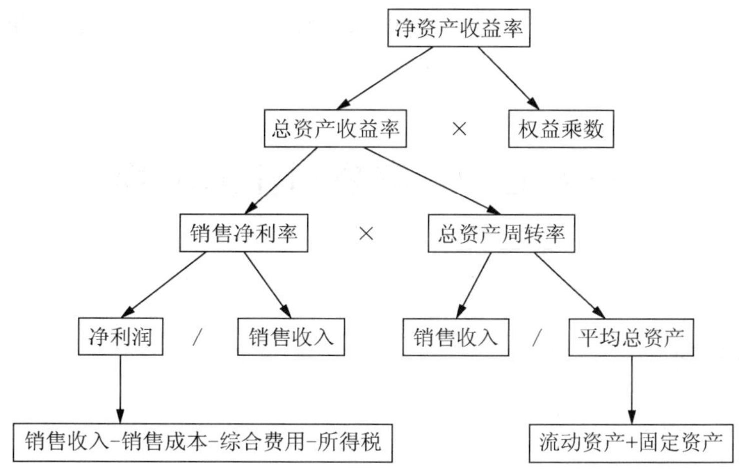

图6-8　杜邦分析法

权益乘数＝1/（1－资产负债率），资产负债率＝负债总额/总资产

1. 净资产收益率影响因素

杜邦分析法说明净资产收益率受以下 3 类因素影响。

1）利润率。用销售净利率衡量，表明企业的盈利能力。

2）总资产周转率。用总资产周转率衡量，表明企业的营运能力。

3）财务杠杆。用权益乘数衡量，表明企业的偿债能力。

2. 杜邦分析法的基本思路

1）净资产收益率是一个综合性最强的财务分析指标，是杜邦分析系统的核心。

2）总资产收益率是影响权益净利率的最重要指标，具有很强的综合性，而总资产收益率又取决于销售利润率和总资产周转率的高低。总资产周转率反映总资产的周转速度。对总资产周转率的分析，需要对影响资产周转的各因素进行分析，以判明影响公司资产周转的主要问题在哪里。销售净利率反映销售收入的收益水平。扩大销售收入、降低成本费用是提高企业销售利润率的根本途径，而扩大销售，同时也是提高资产周转率的必要条件和途径。

3）权益乘数表示企业的负债程度，反映了公司利用财务杠杆进行经营活动的程度。资产负债率高，权益乘数就大，这说明公司负债程度高，公司会有很多杠杆利益，但风险也高；反之，资产负债率低，权益乘数就小，这说明公司负债程度低，公司会有较小的杠杆利益，但相对所承担的风险也低。

从企业绩效评价的角度来看，杜邦分析法只包括财务方面的信息，不能全面反映企业的实力，有很大的局限性，在实际运用中需要加以注意，必须结合企业的其他信息加以分析。

任务七　了解公司注册流程

- 了解注册公司所需的相关资料。
- 明确注册公司的流程。
- 具备办理注册公司的处理能力。

注册新公司的详细流程如图 6-9 所示。

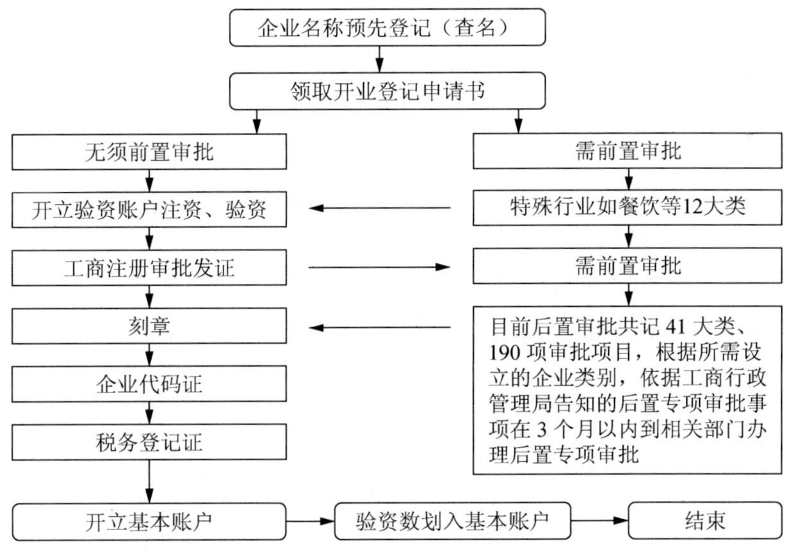

图 6-9 注册新公司的详细流程

注册公司具体包括以下流程。

1. 到工商行政管理局核名（准备 5 个以上公司名称）

提供资料如下：

1）代理人身份证原件及复印件。

2）所有股东身份证复印件。

3）公司核名表。

注：表格须股东本人签名。

2. 到工商行政管理局办理营业执照

提供资料如下：

1）登记备案申请书（预定法人签字）。

2）法人信息表。

3）执行董事、经理、监事信息表。

4）公司章程。

5）承诺书。

6）租赁合同原件及复印件（承租方为企业），租赁合同需所有股东签名。

7）房产证复印件（如属住宅功能还须提交住宅改商住房证明及住所登记表）。

8）执行董事、经理、监事任职书。

9）代理人身份证原件及复印件、委托书。

10）全体股东身份证及复印件（若为企业或其他，则提交相应证明）。

11）名称核准通知书。

12）前置审批文件（特殊行业）。

注： 凡领取了新设立的工商营业执照的商户，无论是个体、企业都必须在营业执照上的注册日期 1 个月内到税务局办理税务登记证。

另外，无论是个体还是企业的营业执照都必须在每年的 6 月底之前在执照地的企业信用信息公示系统网上申报录入企业信用信息，实行年报制。

3. 保安公司刻章

提供资料如下：

1）营业执照副本原件及复印件，以及法人及经办人身份证原件及复印件。

2）在保安服务公司刻章部填写资料，交费后带回委托书（保安公司提供）让法人签字按手指模后，等待通知取章。

4. 质监局办组织机构代码证

提供资料如下：

1）营业执照副本原件及复印件。

2）法人身份证原件及复印件。

3）代办人身份证原件及复印件。

带上公章，到税局前台拿资料填写完后去窗口办理。

5. 去租赁管理中心办租赁证（拿租赁证的时候交租赁税）

办理租赁证所需资料如下：

1）房东本人持房产证、土地证、身份证。

2）公司持营业执照副本原件，如代办持代办委托书（自行打印，要求法人签字，盖公章）。

3）先办理租赁证再缴纳租赁税即可。

注： 房东亲自去现场照相签字。如房东不能到场，需要去律师行或公证处办理委托后方可让其他人代理。

6. 到国税局办理国税

报送资料如下：

1）税务登记表（适用单位纳税人）一式两份（国地税联办税务登记的本表一式三份）。

2）营业执照副本或其他核准执业证件原件及其复印件。

3）组织机构代码证书副本原件及其复印件。

4）注册地址及生产、经营地址证明（产权证、租赁协议）原件及其复印件。如为自有房产，应提供产权证或买卖契约等合法的产权证明原件及其复印件；如为租赁的场所，应提供租赁协议原件及其复印件，出租人为自然人的还须提供产权证明的复印件；如生产、经营地址与注册地址不一致，应分别提供相应证明。

5）公司章程复印件。

6）有权机关出具的验资报告或评估报告原件及其复印件。

7）法定代表人（负责人）居民身份证、护照或其他证明身份的合法证件原件及其复印件（复印件分别粘贴在税务登记表的相应位置上）。

8）纳税人跨县（市）设立的分支机构办理税务登记时，还须提供总机构的税务登记证（国税、地税）副本复印件。

9）改组改制企业还须提供有关改组改制的批文原件及其复印件。

10）税务机关要求提供的其他证件资料。

国税登记完后，在国税局获取《纳税户委托银行划转税务行政性收费委托书》，到开户银行盖完章后交回国税局，并在国税局开通网上报税的业务，取得登录名及登录密码。

7. 到地税局办理税务登记

提供资料如下：

1）税务登记表一式两份。

2）营业执照。

3）组织机构代码证副本。

4）法人身份证。

5）公司章程。

8. 到银行办理开户许可证（开通银行基本账户）

提供资料如下：

1）法人身份证原件、代办人身份证原件。

2）营业执照正本原件及复印件、税务登记证正本复印件（国税、地税）和组织机构代码证正本复印件。

任务八　了解企业纳税流程

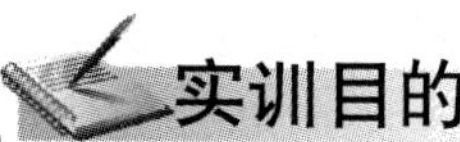

实训目的

- 了解我国主要的税种。
- 明确各种税的纳税申报流程与方法。
- 具备独立申报税务的操作能力。

一、税种

目前，我国主要的税种有增值税、消费税、企业所得税、个人所得税、资源税、城镇土地使用税、土地增值税、房产税、城市维护建设税、车辆购置税、车船税、印花税、契税、耕地占用税、烟叶税、关税、船舶吨税等。其中，多个税种由税务部门负责征收，关税和船舶吨税由海关征收，进口货物的增值税、消费税由海关部门代征。

二、纳税申报流程

纳税申报分为地税申报与国税申报。

1. 地税申报

地方税务局申报的税金有城市维护建设税、教育费附加、个人所得税、印花税、房产税、土地使用税、车船使用税等。

方法/步骤如下：

1）每月在税局规定期限前，申报缴纳个人所得税、城市维护建设税、教育费附加、地方教育费附加。

2）每季度结束按税局规定期限申报缴纳企业所得税（属地税缴企业所得税的

企业）。

3）印花税，一般一年申报缴纳一次，在年末时申报，也可分次申报缴纳。

4）房产税、土地使用税、车船使用税，一般每年按主管税务局要求的期限申报缴纳。

5）如果没有发生税金，也要按时进行零申报。

6）纳税申报方式有网上申报和上门申报。如果网上申报，直接登录当地地税局网站（图 6-10），进入纳税申报系统，输入税务代码、密码后进行申报。如果是上门申报，填写纳税申报表，报送主管税务局。

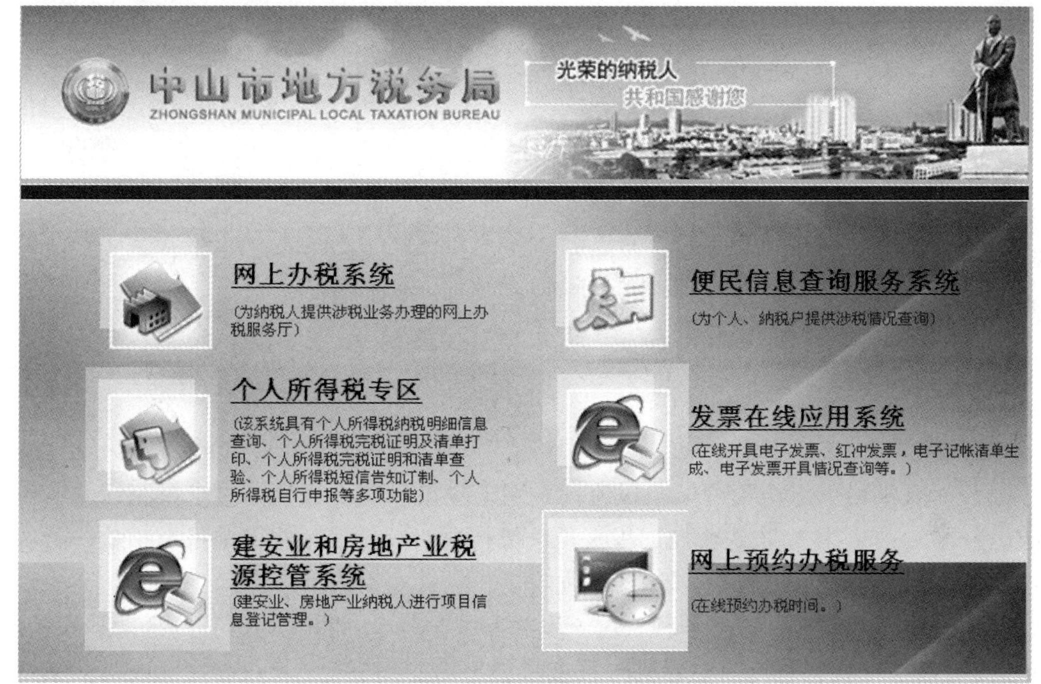

图 6-10　中山市地方税务局网站首页

2. 国税申报

国税申报的税金主要有增值税、所得税。

方法/步骤如下：

1）每月在税局规定期限前申报缴纳增值税。

2）每季度结束按税局规定期限申报缴纳企业所得税（属国税缴企业所得税的企业）。

3）国税纳税申报比较复杂，分为小规模纳税人申报与一般纳税人申报。

① 小规模纳税人增值税网上申报流程。实行网上申报增值税的小规模纳税人应于

法定的申报期内通过网上申报系统申报缴纳增值税。登录国税网上办税门户网站（图 6-11），单击“网上办税”链接，输入账号、密码及验证码进入网上办税系统。

依次单击“申报征收”“进入申报”按钮，输入申报所属时期起止后，再单击“进入申报”按钮，按照申报所属期的不含税销售收入填写网上申报系统中的申报表，并依系统提示进行申报缴纳。

图 6-11　中山市国家税务局首页

② 一般纳税人增值税网上申报流程。网上申报和网上报税衔接申报流程为纳税人防伪税控 IC 卡抄税—防伪税控远程报税，等待比对—增值税网上申报及扣款—防伪税控远程抄报，确认清卡。具体操作步骤如下：

第 1 步：防伪税控 IC 卡抄税。这一步的操作与每个月报税期进行的征期抄税相同，抄税后可以在“状态查询”中看到“报税资料”项变为“有”。

第 2 步：防伪税控远程报税，等待比对。选择“远程抄税”模块，单击“报税状态”按钮，看到“可以进行远程抄报”提示，单击“确定”按钮。

第 3 步：增值税网上申报及扣款。企业以“证书登录”方式登录网上纳税申报系统后，上传当期的申报数据，上传成功后，在查询功能中查看申报结果，如果成功，进行扣款功能操作，扣税成功后提示“扣款成功”字样。

第 4 步：防伪税控远程抄报，确认清卡。选择“远程抄税”模块，单击“报税状态”按钮，看到“可以进行远程抄报”提示后，单击“确定”按钮。单击“报税结果”按钮，如果报税结果为“报税成功”，说明防伪税控开票数据与电子申报比对成功，可以进行清卡操作。单击“清卡操作”按钮，提示清卡操作成功后，查看“状态查询”的“报税

资料”项应变为“无”。

注：每次选择“远程抄税”模块都必须在单击“报税状态”按钮后，才能进行后面功能的操作，并在申报期内进行防伪税控清卡工作。

4）企业所得税预缴。企业所得税应按季预缴，按年汇缴，分为查账征收和核定征收两种方式，具体缴纳方式由税务机关确定。

参考文献

刘洪玉，刘丽．2013．企业经营模拟原理及 ERP 沙盘实训教程[M]．北京：清华大学出版社．

宁健，梁伟．2015．ERP 沙盘模拟企业经营实训教程[M]．大连：东北财经大学出版社．

王新玲，郑文昭，马雪文．2014．ERP 沙盘模拟高级指导教程[M]．3 版．北京：清华大学出版社．

赵合喜．2013．企业沙盘模拟实训[M]．北京：电子工业出版社．

中华人民共和国财政部．2008．小企业会计制度[M]．北京：中国财政经济出版社．